S.E.T.
沟通效能训练

著

王漪

译

SALES
EFFECTIVENESS
TRAINING

北京日报出版社

图书在版编目（ＣＩＰ）数据

　　S.E.T.沟通效能训练 ／（美）托马斯·戈登，（美）
卡尔·泽斯著 ；王漪译. —— 北京 ：北京日报出版社，
2022.10
　　ISBN 978-7-5477-4276-1

　Ⅰ．①S… Ⅱ．①托… ②卡… ③王… Ⅲ．①销售－
基本知识 Ⅳ．①F713.3

中国版本图书馆CIP数据核字(2022)第077224号

北京版权保护中心外国图书合同登记号：01-2022-4296

S.E.T.沟通效能训练

出版发行：北京日报出版社
地　　址：北京市东城区东单三条8-16号东方广场东配楼四层
邮　　编：100005
电　　话：发行部：(010) 65255876
　　　　　　总编室：(010) 65252135
印　　刷：三河市中晟雅豪印务有限公司
经　　销：各地新华书店
版　　次：2022年10月第1版
　　　　　　2022年10月第1次印刷
开　　本：700毫米×930毫米　1/16
印　　张：13
字　　数：150千字
定　　价：48.00元

目 录

第一章

001 不合时宜的输赢模式

买卖过程往往伴随着这样的认知：有人会赢，有人会输。
这就是买卖关系中很难建立起高度信任的原因。

第二章

029 新的范式，新的可能

任何事实证据，一旦与我们运行的范式相抵触，我们都拒
绝相信。

愿本书带给你改变的勇气和智慧。

　　第一次翻开本书英文版，我看到扉页里介绍"这是一种具有突破意义的方法"，作为效能训练课程的讲师，在实践和传授"戈登模式"的过程中，我对这样的评价有切身体会，也深以为然。

　　本以为自己接下来的翻译只是把戈登模式在销售领域的好处展示给大家，但随着工作的深入，我发现自己对"戈登模式"的认知和实践也在对照反思中不断刷新。

　　不得不再次感叹本书的"突破性"意义。它不仅向大家介绍了何为新时代所需的销售模型，同时也带领大家向内洞察更深层的个人认知范式，向外探索更广阔的人际互动规律。

　　本书从当今商业世界的变化谈起，指出旧有销售模式失效的原因，强调了改变销售范式的必要性和重要性；然后介绍了"协同范式"下的销售是如何有效应对日渐复杂的商业环境挑战，并且逐层梳理在这种新的销售体系中如何处理各种互动关系，进而实现销售目标的。比如：销售与客户的关系，销售与上级管理者的关系，销售与公司支持部门的关系，总之，销售与所有可能影响买卖流程的人的关系。

本书接下来进一步阐述了销售培训模式变革的意义，以及公司企业文化建设对销售业绩的促进作用。本书最后指出，销售范式改变是一个持续改善的过程，是一个突破限制、拥抱更多可能性的过程。个人与公司的成长都是如此，而这一切也正是我们在商业环境中得以生存乃至成功的基石。

书中引用了大量企业销售的案例，其中不乏全球知名的跨国公司，如美国通用汽车；也有一些销售范式改变前后对比的案例。层次分明，理论结合案例，让我们的收获变得更全面、立体。

本书作者托马斯·戈登博士（Dr. Thomas Gordon）是美国著名的人本主义心理学家，被誉为"沟通之父"，曾三获诺贝尔和平奖提名。他创建的"戈登模式"体系结合了人本主义心理咨询技术，以关系为着眼点，关注需求和感受，帮助人们改变沟通方式，进而实现自己的影响力。该模式自 1962 年创立以来先后在 50 多个国家和地区传播，全球数百万学习者也在实践中证明了"戈登模式"的有效性。

除了《S.E.T. 沟通效能训练》，戈登博士还著有《P.E.T. 父母效能训练》《T.E.T. 教师效能训练》《L.E.T. 教师效能训练》等系列书籍。相应的课程"父母效能训练（P.E.T.）""教师效能训练（T.E.T.）"等也在近二十年间相继引入中国，运用于父母课堂和教师培训，并且深受好评。

本书合著者卡尔·泽斯（Carl Zaiss）是"戈登模式""协同销售课程"最初的受益者，后来也成为戈登博士的合作伙伴，两人共同致力于该课程的推广。撰写本书时，他已经拥有二十多年销售一线的工作经验，是销售领域著名的顾问、演说家和培训师。他本人丰富的工作经历以及学习改变过程，是本书具有突破性意义的明证。

对于销售领域的工作人员来说，本书是一本详尽的升级指南，让大家看到更好成就的可能性以及实现路径，但能从本书受益的又不只是销售人员或公司。对于其他读者来说，本书能帮助开启看待人际关系的全新视角，关注自己在生活中面对各种挑战、变化的模式，从而突破固有限制，成为更好的自己。

2020 年对于大家来说都是艰难、特殊的一年，未来我们需要面对更多的不确定性、复杂性和不稳定性。正如书中所说，我们需要做出必要的改变，从而塑造我们的未来。

愿本书带给你改变的勇气和智慧。

王潞

我们需要新的模式

卡尔·泽斯

我第一次真正做销售是小时候通过卖糖果为少年棒球联盟筹集资金。当时，一盒罗塞尔巧克力（Russell Stover）的售价为 1 美元，而销售冠军可以得到的奖励是一件棒球夹克。联盟为了确保达到募集目标，要求每个球员都要完成一定配额。

刚开始卖的时候我很兴奋，满脑子想着自己穿新夹克的样子。父母开车好几个小时送我去周边不同的社区。但是，每当我敲开一扇扇陌生的门，都屡屡被拒。最后，我的热情也消失殆尽了。为了完成我的配额，父母只好自掏腰包买光最后几盒存货。

没过多久，卖糖果变成了我讨厌的任务，而我拜访过的那些人成了我前进道路上的障碍。有了这种心态后，机会也和我绝缘了。于是我认定自己不善于沟通，而且我也不喜欢销售之类的工作。

大学毕业后，我进入了酒店行业，很快我就意识到，销售方面的经验有助于职业发展，所以我转去做了销售。

但我还是不喜欢这项工作。鉴于我此前对销售的惯常看法，以及对自己销售成功概率的认知，这样的结果不足为怪。即便是再诱人的销售差旅、鸡尾酒会、大型会议和贸易展览，对我而言，都不过是工作而已，毫无乐趣可言。

我感觉自己一直站在戏台上，扮演着一个角色。那时我巴望着每一天都赶紧结束，这样我就可以摘下自己的面具。

我看过各种书，参加过各种培训，但都无济于事。那些东西教给我的只是控制、操纵和博弈。如果这就是销售工作的本质，那么它究竟要把我变成什么样的人呢？

工作中与其他销售人员的讨论，更加证实了我的看法。我不仅听到他们表达了类似的沮丧，还看到了销售部门因此承受了严重的人员流动负担。这是系统出了问题。

1982年，我离开酒店行业，成立了自己的培训和咨询公司。我致力于寻找答案，来解决那些我曾在工作中遇到的问题，然后把这些信息分享给大家。比如一些根本问题：

一个人能在成功销售的同时忠实于自己的内心吗？

从长远来看，我们现在竭尽所能达成的交易，是否会使买卖双方未来的关系变得更紧张？

在买卖关系中，会出现双赢的结果吗？

在探索的过程中，我遇到了托马斯·戈登博士，他是效能培训领域的先驱。我看过他的《P.E.T. 父母效能训练》和《L.E.T. 领导效能训练》，而且参加过相应的培训，受益匪浅。从这两门课中，我发现了一套共通的技能和理念，帮助我建立并维持与家人、朋友和同事之间互惠互利的关系。

和戈登博士进一步交往后，我像朋友一样称呼他汤姆，我们花了很多时间讨论他的"戈登模式"是如何应用于当下商业世界的。

经过讨论，我们一致认为必须有更好的沟通模式，于是我们合作开发了"协同销售课程"，这是超越传统培训的重要一步。这门课从一开始就走在了行业的前沿，直至今天。

从那时起，我在各地教授协同销售课程，足迹遍布美国、加拿大和欧洲，课程面向各种规模的组织，既有小型创业公司，也有像通用汽车这样的大公司。

通过培训，我发现早年我对销售的那些看法以及经受的挫折，并非仅仅只是我个人的经历。无论在哪里，我都会遇到这样的销售人员和销售经理：他们对传统销售模式不再抱有幻想，渴望了解一种新的模式，但他们又对改变感到不安。

在讲座中，我把学员分成两组，一组扮演卖家，另一组扮演买家。我让买家来描述卖家，而他们最常用的术语是："骗子""强求的""不为买家着想""一锤子买卖"，等等。我们当然不能只听一面之词，所以我也会让卖家来描述买家，而他们眼里的买家通常是这样的："不诚实""固执""无知""苛刻""不接受新事物"，等等。

我们需要一种新型的沟通模式。传统模式实在是太狭隘了，不再适合今天的商业世界。

托马斯·戈登制定的关系蓝图是调整双方关系的关键。我对自己掌握的这项新的沟通模式充满信心，并且致力于将它传授给大家，于是这本《S.E.T. 沟通效能训练》应运而生。

这本书将让你改变固有信念和行为模式，创造更有效、更有力量、更令人满意的人际关系。

效能训练的核心在于沟通

托 马 斯 · 戈 登

在过去二十年里，我们的精力主要集中在家长培训领域，全称"父母效能训练"（Parent Effectiveness Training，简称 P.E.T）。

P.E.T. 课程始于 1962 年，是第一个向父母传授所需技能的项目，帮助父母与各个年龄段的孩子建立并维持令人满意的亲子关系。该项目可谓一鸣惊人，很快便获得了成功。到 1992 年，我们已经拥有一支几千人的 P.E.T. 讲师队伍，他们经过专门训练和授权，在全球 31 个国家授课，培训、帮助了 100 多万名家长。

20 世纪 70 年代早期，我们启动了"教师效能训练"（Teacher Effectiveness Training，简称 T.E.T.），这是一个率先向学校教师传授人际关系技巧的项目。在那之后不久，我们开发了"领导效能训练"（Leader Effectiveness Training，简称 L.E.T.），针对组织中的主管、经理和高管。该课程是首批教授参与式管理、员工参与决策和团队建设所需技能的项目。

这些效能训练系列课程的成功使我确信,我们已经确定了建立特定人际关系的关键。

首先,它是相互满足的,双方都满足了自己的需求。

其次,它不涉及任何基于权力的控制或操纵。

最后,这种关系能够持久,因为双方都觉得"公平"。

到了 20 世纪 80 年代初,我们开发并推广了第一个销售培训项目"销售新科技",销售人员迅速掌握了这些关键技能,并成功地运用它们与客户建立了相互满意的合作关系,我们对这样的成效感到毫不意外。

目前,我们正在推广第二个效能培训项目,也就是"协同销售"。该项目不限于销售领域的沟通,而是适用于商业世界的其他领域——无论是向客户销售服务和产品,还是向工作伙伴传递想法,都将适用。

从本质上来说,"协同销售"是一种新型的沟通模式,而沟通又是我们整个效能训练体系的核心。所以我们将课程的精华扩展成为这本《S.E.T. 沟通效能训练》。

沟通效能训练共有四个组成部分:

1. **自发性训练**:教授销售人员根据本能反应来行动,摆脱习得的"角色"模式,放弃他们的"表演",安心做真实的自己;灵活应对,而非死记销售技巧。

2. **倾听训练**：教授销售人员面对买家，少花心思来说服，而是多倾听他们的心声；教给销售人员成为有效顾问的主要技能——同理式积极倾听。使用这个技能是对潜在的买家或长期的客户表达："我想知道你们的困扰和需求，我想知道你们的感受。不管是怀疑、勉强、不确定，还是犹豫不决，我都接纳。"

3. **态度训练**：提升销售人员的敏感度，帮助他们学会面对人类行为的复杂性，包括：人心之难测，人对变革的抵制心理，人自主决定的需求，以及人对逼迫与操纵行为的顾忌。

4. **影响力训练**：销售人员有机会了解他们的沟通方式是如何影响他人的。在团队中营造鼓励学员分享彼此交往感受的氛围。

本书提及的众多案例都来自合著者卡尔·泽斯丰富的工作经验。他曾做过一线销售人员、销售经理、销售培训师，他大力提倡一种新的销售模式以及销售人员管理模式。在效能训练项目的体系基础上，卡尔和我一起合作开发了"协同销售"课程。

第一章

不合时宜的输赢模式

达成买卖交易仅仅是完成了求爱，而此时婚姻才刚刚开始。

——西奥多·莱维特

◇◇◇◇◇◇◇◇◇◇◇◇◇

是时候突破了。如今复杂的商业环境正在淘汰传统的销售模式，为了紧跟时代的步伐，我们需要脱离传统的思维方式。

在《哈佛商业评论》（*Harvard Business Review*）的一篇文章中，时任哈佛商学院营销部门主管的西奥多·莱维特（Theodore Levitt）说："随着我们的经济变得更加以服务和技术为导向，销售过程的动态将发生改变。服务的持续性以及技术的复杂性必将延长买卖双方之间的互动，让关系交互变得更深、更频繁。因此，卖方的关注点必须从仅仅是达成交易，转变为确保买家在购买后满意。"

莱维特的这篇文章发表于 20 世纪 80 年代，如果说今天的形势有什么不同的话，那就是这种变化加速了，愈发验证了莱维特预言的准确。因此，如今的销售需要一套全新的技能。

被誉为"质量管理之父"的爱德华兹·戴明（W. Edwards Deming），在他的"质量管理十四条"中，强调了与单一供应商合作的价值：通过合作，改善供应商的产品服务质量，降低成本，从而建立长期的合作关系，双方都将受益。

如今的买家也更有价值意识，除了产品或服务的具体好处之外，还希望从买卖关系中获得增值服务。在某些类型的购买中，买家的决策过程牵涉到公司内部的其他人，情况就变得更复杂。而与一个值得信赖的销售人员进行开放、坦诚的交流，可以让买家的工作效率提高。

如今的销售人员也想有所改变，面对不断寻找新业务的压力，他们并不轻松。他们更想与客户建立长期关系，这样就能对该客户产生更大的影响。此外，销售人员希望为他的客户带来改变。因此，他们希望与客户维持长久的关系，以确保客户能接收到他们承诺的服务质量。另外，销售人员还希望在与客户打交道时有更多的自主权。

最后，销售人员希望被公平对待，他们所做的工作要得到尊重和认可。大多数人相信他们的产品或服务，并且知道如果有机会，他们可以做出伟大的事情。最重要的是，如今的销售人员希望工作能给自己带来更多的自豪感和满足感。

传统买卖关系的处理方法不能满足市场、买方甚至是销售人员本身的需求。再加上其他因素，比如销售人员的管理方式、培训方式、激励方式等，积弊如山，直到整个销售系统都不堪重负，甚至分崩离析。

我们需要销售职能的转变。这种转变必须是根本的、普遍的，其影响覆盖整个系统。销售人员不仅要改变与买方的关系类型，还要改变与销售经理以及所有参与买卖过程的其他部门之间的关系。此外，他们所接受的培训，其质量和类型也必须改变，以满足新定位要求。最后，他们所在公司的文化也必须调整，以支持这种转变。下面，就让我们来看看上述领域正在发生的事情。

斗争、逃跑或投降

在一篇关于协同销售培训项目的文章中，作家约翰·斯托勒（John Stoler）这样写道（注意，他是如何使用象征男性阳刚之气的词语来强化传统销售观念的）：

伊甸园里的那条蛇诱惑夏娃咬了一口苹果，成功地完成了它的销售；而夏娃又向亚当推销，让他相信吞食禁果是件好事；自此以后，销售人员的形象就这样被玷污了。由于蛇的成功销售，它遭受了上帝的诅咒，被罚终日贴地爬行，以吸食尘土为生。这多么不公平！换成其他任何公司，蛇都应该得到一份佣金或一笔奖金，如果它继续好好工作，还会得到晋升副总裁的承诺。而夏娃甚至会被公司当场雇用，因为她是真正的销售"天才"。

一提到销售员，眼前就会出现这样的画面，挥之不去——他像一条草地中油光发亮的蛇，四处迂回游动，盘算着把那些人们不想要的或不需要的东西卖给毫无防备的人。他预设了固定的话术，来回应前进道路上将会面临的怀疑和障碍。他的工作是带领潜在客户穿过迷宫般的走廊，在每一个拐角诱导一番以求得到客户肯定的回应，直到最后带走一份签好的订单。客户就是他的对手，一个需要征服和打败的人。

当然，很多销售人员会辩解说自己不是这样工作的，但这不是重点。我们想强调的是，这正是销售目前所处的位置。当前，买卖过程往往伴随着这样的认知：有人会赢，有人会输。这就是买卖关系中很难建立起高度信任的原因。

只要站在零售商店里，观察现场的互动就能看出端倪。一个销售人员走近一个顾客问："我可以帮你吗？"大多数顾客会回答："不用了，谢谢，我只是随便看看。"然后继续四处搜寻。

销售人员在做的是努力结单，买方非常清楚，卖方的工作就是通过任何可能的手段来完成交易。他们知道销售人员受过各种各样的培训，而且在很多情况下，销售人员的薪酬取决于他们能否成功实现这一目标。

还有一个不成文的假设，即一个优秀的销售人员应该能够克服任何障碍，甚至包括在产品和买方的需求不匹配的情况下，也能完成销售。在我们的研讨会上，令人惊讶的是，有许多销售人员都认为他们应该完成每一笔销售，否则，他们就是做错了。他们坚信销售就像和买家下棋，到最后，总有赢家和输家。如果你的战略和战术是正确的，就会赢。

显然，这种态度让销售人员经受了诸多挫折。

约翰是美国一家大型航空公司的销售经理，他提供了下面这个例子。他所供职的航空公司在一个主要业务市场与当地的一家大公司达成了协议，客户同意了购买的数量和价格。这是一个全方位的整体协议，双方都做了大量的工作，都觉得彼此之间的关系很牢固。

但合同第一年到期，他们准备谈判续签新协议时，航空公司的高级管理人员立场变得强硬起来。因为市场份额增加了，他们开始趾高气扬，试图在谈判中占据优势地位。回想当时的情形，约翰用婚姻来比喻。他说，这就好像他的公司跟对方说"我不应该娶你，我想离婚。"而事实上这次离婚非常痛苦。客户勃然大怒，连声谴责。管理层最后终于意识到这件事对公司地位造成了重大影响，但为时已晚。一个每年价值400万美元的客户没了，他们输给了一个竞争对手。博弈结束了，他们输了。

上述例子是客户通过转移业务来报复卖方，接下来的例子是卖方销售人员报复客户：

查尔斯服务于一家美国大型公司，担任农产品部门的销售经理。他跟我们提到了一个叫鲍勃的人，他是一家农业合作社的副总裁，他认为自己的工作就是打败所有的销售人员。他的存在让销售人员痛苦不堪。有一段时间，查尔斯为了摆脱鲍勃的纠缠，在给合作社的短期价格上被迫频频让步。但后来实在受够了，想要报复鲍勃。首先，只要在他的决定权力范围内，合作社的任何特殊要求他都说不。此外，查尔斯还给鲍勃的竞争对手提供更优惠的价格，他们跟鲍勃一样也为农民提供产品。这么一来，竞争对手的价格就占据了市场优势。最后，查尔斯还推迟向鲍勃的合作社交付新产品，再度影响了他在农民中的地位。这俨然变成了一场你死我活的斗争。

在传统销售方式中，买家和卖家之间的权力斗争产生了赢家和输家，关系中的输赢取决于需求是否得到满足。在传统的输赢式销售中，一方以牺牲另一方为代价来满足自己的需求。

下面这个练习说明了这种输赢方法的后果：

首先，回想一下生活中的某个场景，其中你输了，而对方赢了。最明显的例子是与他人产生冲突，对方利用权威强迫你接受他们的解决方案。比如：你的父母会因为你晚归而罚你禁足，或者没收你的用车；你的老师在全班面前惩罚你；你的顾客威胁说如果你不在某个问题上让步就取消交易。

其次，想想当他们强迫你时，你是怎么回应的，以及你面对他们时的感受。最后，想想你们之间的关系因此遭受的影响。

在这些情况下，被控制的人会启动防御机制来应对。有些人公开抵制或反抗，有些人选择退出，还有些人则会退缩。这些选择可以归纳成：**斗争、逃跑或投降**。

斗争

面对权力压迫，选择之一就是反击，或者找到某种方法来报复，这是人之常情。你可能会决定越过对方去和他们的老板交谈，或者报复客户，不给他提供价格优惠。在我们的一次研讨会上，一名参与者承认，就是为了遵照指示，他不得不伪造信息编出一份新的实地调查报告，这是他反击的方式。而反击还有很多微妙的控制方式。

逃跑

做出这种选择，意味着选择放弃了这段关系，无论是精神上还是身体上。极端的情况是，你离开公司，或者完全避开另一个人。在某个客户的公司，我们发现两个部门中间仅隔着三个办公室，但一方只是为了避免见面而给另一方发传真。还有一个例子，我们发现公司有将近100万美元应收账款未入，原因只是一个部门不待见另一个部门，导致一些内部发票的问题悬而未决，所以发票迟迟没有开具。还有，大多数销售人员，星期一早晨面对待办事项清单，想着那个咄咄逼人的客户，想着那个难打的电话，大概都要一拖再拖的。接下来的情况也不难预料：星期一事情堆积如山顾不上，而星期二开完销售会议后更忙得不可开交，星期三和星期四在外面跑业务，星期五有些紧急事件要马上回电话。因此，那个棘手的电话就又留到下星期一的待办事项清单上了。

也许最令人悲伤的逃跑，是只在精神上脱离了关系但身体还深陷其中。公司里不乏这样的行尸走肉，走廊上来来往往，办公室里满满当当，经常能看到这些人——他们已经放弃了努力，安于现状。当销售人员在这样的状态下工作，向买家介绍产品，对方即使坐在那里听完了也会无动于衷。

投降

无论何种缘由，你默默牺牲了自己的需求。也许你觉得自己别无选择，或者你不想让别人难过。而这种选择之所以危险，有下面三个原因。

首先，当你的需求没有得到满足时，自尊心便会受到伤害。

其次，你可能会在未来某个时候报复别人。

最后，很多人把自己的感情藏在心里，当情绪累积久了，他们可能会爆发，无缘无故地对别人大发雷霆。也可能会因为心理压力引发疾病，甚至会通过暴饮暴食、滥用药物或酗酒来逃避现实。

在传统的输赢模式中，这些都是对"控制"的典型反应。许多人看不到其他选择，于是他们养成否认自己感受的习惯，并为自己的行为找借口。他们的口头禅是"事情本来就是这样"！

我们通常会用一个关键词来描述人们对于失败的感受，那就是——**怨恨**。输家憎恨赢家，而在传统销售方式中总会有人沦为输家。由此产生的怨恨表现在许多方面。即便是在最简单的买卖双方互动中，买家的不满也会让他冒出这样的想法："如果我觉得自己的需求不能得到满足，我就会拒绝你；或者如果你足够有耐心、有礼貌，那么我也就听你讲完，然后说'好的，我会考虑的'。"

一方面，买家的需求如果不能从卖家那里得到满足，他们就会想办法来增强他们的购买力，比如联合团购，一言不发另找卖家，躲在语音信箱背后任由卖方留言，甚至根本不回销售电话。有一些人则要求特殊待遇，迟迟不做决定，因为缺乏足够的信息来轻松决策。还有一些人很少提及自己的需求，或者只问你要一些基本信息，他们就告诉你他们会做决定的。

另一方面，当销售人员的需求没有得到满足时，他们的不满也会以多种方式浮出水面。有些销售人员会千方百计欺瞒买家，故意不报出最优惠的价格，或者不回客户电话。有一些则把怨气咽回肚子里，屈服于买家，也动摇了信念。还有一些会转移他们的怨恨，将其归咎于外部因素，比如：经济不好，价格体系不佳，其他部门不配合。

这些听起来很熟悉，不是吗？记住，**输家会憎恨赢家**。买家和卖家都用自己的方式来抵抗权力控制，而所有这些做法都阻碍了沟通，加深了买卖双方的敌对关系。如果现在审视与买家之间的问题，你总可以追溯到曾经的一次交手，你们彼此有输有赢。

所以，从根本上说，与买家打交道的传统模式是无效和过时的。

行不通的权威管理

参加协同销售培训课程的学员讲了一些关于他们销售经理的可怕故事。分享的例子中，销售经理玩弄伎俩、制造噱头，操纵、恐吓甚至胁迫销售人员来提升业绩。

拉维奇是一家服装制造公司的销售人员，他讲述了自己与经理之间的事。经理威胁他，想让他提高业绩，但适得其反。他非但没有感到被激励，反而压力倍增。于是，他怀疑起自己的能力，质疑自己所做的一切。他的业绩下滑，这招致了更大的压力，情绪一落千丈。最后击垮他的是，这个月早些时候，他的销售经理坚持让他在每个销售电话后都汇报情况，给他的语音信箱留言。他提出反对，经理说："别忘了，我是你的老板。"拉维奇当时束手无策。他在这家公司工作了7年多，工作业绩很不错，但他还是准备放弃，选择辞职。

* * *

　　霍华德是一家大型汽车金融公司的业务开发经理，他说老板总是害他在最后一刻临时调整自己的销售安排。每当运营人员在处理经销商融资申请方面出现滞后时（这是一个常见的问题），霍华德的经理就会拉他过去救场，因为他在部门里能力很强。但这就意味着他得重新安排自己的销售工作。他对此倍感郁闷，认为部门管理应该更高效，而这个问题可以用其他方式来解决。此外，他还讨厌别人对他呼来喝去。霍华德抱怨过，但被告知自己没有其他选择，他应该服从命令。他对此感到沮丧，因为他知道自己的绩效是要靠销售结果来评估的。

　　听了几百个这样的例子后，我们有了一个基本的信念：如果一个组织想要提高业绩，就应该解雇大部分的销售经理，或者教给他们一套新的技能。这是合乎逻辑的，消除了障碍，业绩就会得以提升。如今有太多的销售经理是控制型的，专制、独裁，只会让下属失去动力。正是同样的原因促使汤姆·彼得斯（Tom Peters）和罗伯特·沃特曼（Robert H. Waterman）写了《追求卓越》（*In Search of Excellence*）一书，书中写道："销售管理方面有天赋的教师和学生……仍然像沙漠里的雨水一样稀少（而又清新）。"

现今流行的销售管理模式集计划、控制、辩护、操纵、恐吓为一体。这导致了关键销售岗位的高流动率，而在这些岗位上，买家更希望与有知识、经验的人建立稳定的关系，而且新销售人员补位期间工作效率通常较低，导致成本增加。此外，鉴于这些职位的高流动率，许多公司不愿投资培训他们的销售人员，这又致使业绩不佳。

这种管理风格会打击销售士气，于是他们又设计了昂贵的年度销售会议和激励计划来改善缺乏动力的销售团队。管理团队宁愿大费周章为销售不力辩护，也不去寻找和解决核心问题。直到某天触碰到了底线——销售业绩低于该组织应有的水平。

然后，上层管理人员感到沮丧，并施加更多的压力。这些行为再次适得其反，导致士气下降和恶性循环。显然，那些决策者不知道丽塔·梅·布朗（Rita Mae Brown）对"疯狂"的定义："一遍又一遍地做同一件事，却期待不同的结果。"

在当今竞争激烈、充满挑战的市场中，推崇权威管理风格的组织是要付出巨大代价的。换句话说，**这是行不通的**。

下面列出了这种权威管理方法将导致的后果（迄今为止，所有管理人员对此都应该很熟悉）：

自下而上的沟通减少

销售人员是与顾客直接打交道的，如果销售人员跟决策者之间缺乏沟通，会对组织效能产生破坏性的影响。沟通信息"逐级上传"，通常会经过筛选，以免惹恼老板，这就重创了该组织针对客户需求和问题作出反应的能力。

"应声虫"文化的泛滥

在一个主张权威的销售管理文化中，销售人员发现，附和老板的意见比直面难题要容易得多。老板不去关心真正的问题反而为难说实话的人，这种所谓"枪杀信使"的态度，阻碍了正确信息的流通，而那些信息恰恰是有效解决问题的关键。这么一来，销售效率的障碍就变得难以撼动。

破坏性竞争和对抗

这里的基本原则很简单："只要让别人看起来更惨，那么相比之下我就更好；如果找到替罪羊，我就可以逃过惩罚。"销售团队成员之间存在竞争和对抗，这与如今社会一个有效的销售组织所需的团队合作是相违背的。

屈服和顺从

有些销售人员选择屈服和顺从，向销售经理的权威被动低头。他们相信，只要严格按照要求去做，不生事端，就会得到回报。但问题是，这些人往往不够主动，不擅于履行承诺，缺乏创造性——完全不是当今的销售行业想要的那种销售人才。

叛逆和反抗

有些销售人员，要么抵制销售经理想做的任何事情，要么干脆唱反调。团队里叛逆成员的反抗，会让那些想要积极解决问题的人恼火。桀骜不驯的销售人员会拖累进度，因为团队必须处理他们的争论和分歧。叛逆和反抗是销售人员抵抗权威支配或控制所产生的防御反应。

退缩和逃避

有些销售人员应对权威管理风格的方式，是千方百计从这种关系中抽离出来——无论是身体，还是心理。他们可能会躲开销售经理，避免在销售会议上发言，甚至离开公司。

销售人员和经理之间的关系必须改善，现有的关系状态损害了销售组织在市场中的良好表现。再次重申，当前的销售管理制度并未有效地发挥作用。

复杂的人际关系网

交给销售人员一件产品然后告诉他如何去销售，这样的日子已经一去不复返了。从房地产到复杂的计算机系统，从工业品到无形服务，销售都在一个非常复杂的商业环境中工作。在房地产买卖中，除了买方之外，销售代理还与卖方、贷款机构、产权或托管公司，或许还有外部承包商合作。如果销售过程中的任何环节出现问题，交易都可能失败。同样，在企业工作的销售人员在业务中还会牵涉公司中其他部门，甚至可能还有一些对销售和服务过程有帮助的外部人员。如今买卖双方的关系，并不是决定销售能否成功的唯一因素。

为了促成销售并维持买卖双方的关系，销售人员必须管理一个复杂的人际网络，并且在团队中做好协调工作。此外，销售人员必须将客户的需求反馈给公司，以便进行适当的产品服务设计和营销。通常情况下，销售人员可能需要做出承诺，并让团队其他成员去执行。在销售过程中出现问题时，他们还要协调客户和其他部门来解决问题。

因此，销售人员在客户和公司之间扮演着关键的中间人角色。这个角色可能变得令人沮丧，就像下面这个故事所描述的。

斯科特是一家大型制服制造商的大客户代表，年销售额约为1800万美元。最近，他花了很多时间和精力签下一单合同，为一家汽车公司的经销商供应制服。这对斯科特和公司来说都是一个大客户，合同销售总额约200万美元。他和客户根据经销商过去的制服使用量进行了预测，并将数据发送给总部进行生产。

汤姆是客户服务经理，负责执行斯科特的合同。他的工作是协调生产和库存控制部门之间的合作。由于现金流紧张，他和库存控制部门迫于降低库存水平的压力，于是削减了订单预测，降低了制服的产量。结果，在新项目开始的头30天就出现了库存不足的情况。经销商们拿不到推广活动所承诺的制服，怨声四起。斯科特的客户很生气。

客户打电话厉声苛责斯科特，斯科特放下电话就联系汤姆，想知道出了什么问题。他发现原来是汤姆自作主张削减了订单量，他很生气，去问汤姆的主管，主管说他会调查一下。与此同时，客户给斯科特和公司总裁写了一封投诉信。总裁立即介入，下令增加产量。问题似乎解决了，然而客户不满意，对斯科特很失望。斯科特花了数月与客户建立起的信任关系，就此一去不复返。

客户要求汤姆写一份行动计划（也是服务协议），说明该组织将来如何避免这种情况。汤姆拒绝写计划，因为他认为这属于销售公关的职责，斯科特只好自己写了计划。在他交给客户审查后，发给汤姆和汤姆的老板批准。一个多月过去了，没有收到任何消息，斯科特开始打电话询问。令他大吃一惊的是，汤姆写了一份全新的计划，而客户无法接受这个新计划，因为里边有之前没提及的金融担保内容。于是，斯科特去找他的主管，主管又去找汤姆的主管和营销副总裁。

经过长达半年的跨部门争吵，无数场充满指责的会议讨论，多次起草和重写，服务协议最终征得了各方同意。斯科特带着新计划走进客户的办公室，但客户此时已经气急败坏了，他对发生的事情大加斥责，对新计划吹毛求疵。斯科特失去了客户的信任和友谊。其实，斯科特耗费了大量时间来整理他的行动计划，试图解决问题，但这个过程是令人沮丧的。他还记得当天晚上回到家，痛苦得几乎要撞墙，忍不住质问自己这一切是否值得。

最糟糕的是，这种"怀疑态度"带来的影响，在他接下来的绩效评估中表现了出来。像斯科特这样的遭遇，如果参加销售人员全国会议，大会的氛围能帮他重获动力吗？答案是，不能。这种大会，对于他和遭遇过类似挫折的销售人员来说，不过是发泄情绪的场所罢了。

当然，并非所有问题都像上述例子这么复杂，但对销售人员来说，所有问题都同样令人沮丧。

艾瑞克是一家印刷商务公司的销售人员，他抱怨评估部门迟迟没给他的客户项目提交标书。对他来说，引进新业务意味着没完没了的麻烦。

帕特里克是一名独立的保险代理人，他讲述了自己找承保部门批准新保单时遇到的问题。他甚至会特意避开某一家保险公司，因为担心彼此关系紧张，会阻碍整个投保过程。

泰瑞是一个房地产经纪人，他提到一家贷款机构在交易关闭前三天才要求提交追加的文件资料，结果导致交易失败，破坏了三个家庭的搬家计划。

当流程发生故障时，冲突就产生了，在传统的输赢关系模式中，怨恨会以多种方式浮出水面。因为部门间的沟通被阻碍，核心问题得不到解决。个体或者部门之间互相指责，无法有效解决问题。因此，公司的整体都在忙于处理各种应急事件，并为此花费了大量的时间和金钱。

个人和部门都建立了各自的"势力范围"来保护自己，外人很难接近。这样一来，对于沟通来说至关重要的开放和流通就无法实现。有一些人选择绕过障碍做事，但这样会导致权责不清，公司的系统也就瘫痪了；还有一些人拿"公司政策"当挡箭牌，不愿意变通来满足客户不断变化的需求。

总部人员和一线销售团队彼此计较，无法同心协力，而客户则被夹在中间。这就是为什么有那么多学员告诉我们，他们努力为公司招来客户，并给客户提供合适的服务，但到头来他们感觉这么做是跟总部人员作对。

还有一个例子更加印证了这一点。最近我们给一支拥有百名员工的一线销售团队做协同销售培训，该团队隶属于一家价值 2 亿美元的制造公司。随着公司的发展，他们设立了销售行政经理的职位。这个职位的职责是协调一线销售人员与市场、制造、产品开发以及总部其他部门之间的沟通。然而，当销售人员没有从销售行政经理那里得到他们想要的答案时，"斗争、逃跑或投降"的反应模式就会开启。销售行政经理作为内部支持人员被夹在中间，双方互相指责，直到这种沟通体系崩塌。

一些销售人员，特别是那些习惯了旧系统的老员工，他们绕过销售行政经理直接到运营部门去找答案，剥夺了让销售行政经理有效工作的机会。

许多销售行政经理讨厌某些销售人员，会把那些人的事项拖到最后，甚至直接忽视。还有些销售行政经理则与公司其他部门建立了牢固的关系，一旦销售人员没能遵守公司的政策，他们就群起而攻之。

制造部门和运营部门的人非常反感销售行政经理或一线销售人员举着"客户服务"这道令牌，来要求他们做一些事情。这些人对销售行政经理和销售人员都拒不接待。

公司的沟通体系没有发挥作用，工作人员相互指责和推诿。每个人边干活边提防别人背后使坏。这也难怪这家公司近年来的市场份额会急剧缩小。

这些毛病在很多公司中存在已久，但大多数人却不以为然。他们只会耸耸肩说："这里就是这样。"他们已经接受了在固有体系中工作，只求现状安好。事实上，公司的运行系统是分崩离析的。销售人员和其他人之间的关系太重要了，他们影响着销售的整个过程，而现在的方式不能再继续。

"淹没在各种技巧中"

我们必须把今天的销售看作一种既需要知识又需要技能的职业。许多公司根本不为销售人员提供任何培训，这非常遗憾。没有培训，销售人员在从事这一至关重要的工作时，就无法理解、传承公司的企业文化。

有些公司不提供正式的销售培训，或者拒绝给销售人员报销培训费用，这样做无异于对外声称：**销售不重要！**而这往往是一个恶性循环——虽然公司知道员工通过培训能增强业务能力，进而提升销售绩效，但他们拒绝承担培训费用；而员工没有受过培训，无法创造更多绩效，因而业绩不能好转。

记住：**如果你总是做你一直在做的事情，那么你将永远承受你一直在承受的代价。**

卡洛斯回忆起他第一份在酒店行业的销售工作。他到公司报到，公司安排他参观酒店，然后向客房管理部汇报。接下来一个月他在各个运营部门实习：客房部、预订部、前台、厨房、餐厅、酒吧、会议服务部。这样的"培训"结束后，他才到销售部门报到，接收了一叠文件，还跟部门秘书学习了部门流程，最后销售经理真诚地祝福他"好运"。就这样，他开始了自己的销售生涯。

至今他还记得自己当时是多么的战战兢兢、如履薄冰。他当然会铺床，了解怎么预订房间，知道如何送餐。但在面对一个能为酒店带来数万美元收入的客户时，他却不知所措了。

许多公司对新员工的培训如出一辙，他们只教给销售人员一些运营方面的知识，然后就把他们发配到竞争激烈的市场中去开拓业务。

未经培训的销售人员只能靠自己去摸索如何销售。大多数销售人员对自己的角色感到别扭，不喜欢销售人员的刻板印象。许多人因为不愿成为"强势的销售人员"，反而走向另一个极端，变得过于消极被动。这就是为什么研究表明，大部分销售人员在上门推销时，自始至终都不提订单的事情。让销售人员不经过培训就上岗，就像让他们不带降落伞就跳下飞机一样。

一个公司如果不积极地培训销售人员，就无异于把自己的命运拱手交给外界。这就是为什么经济局面、竞争形势等其他因素会影响公司业绩的原因。

在那些提供正式销售培训的组织中，培训通常是以产品为导向的：针对不同的产品，包括它们更新迭代。诚然，销售人员必须明白自家产品的工作原理，但这并不意味着必须进行大量培训。事实上，如果买方提出技术问题，销售人员可以坦白承认他们不知道答案，并寻求公司的技术支持。这本身会增强他们的可信度。一般来说，销售人员越是依赖于自身的产品知识，他们分享这些知识的欲望就越强烈，他们就越不可能倾听客户的意见，从而发现客户的真实需求。销售人员如果固守传统的销售模式，掌握产品知识似乎是必不可少的，这样他们可以做出光鲜亮丽的产品推介，全盘掌控整个推销过程。

即使有些公司提供了"销售技巧"培训，也往往只是一种"心理说教"——分析买方心理以达到控制对方的目的。保罗笑着谈起他作为股票经纪公司的新员工时接受的培训：仕纽约待了两个星期，学习如何控制交易者的想法，以便让他购买股票。而这家公司标榜的恰恰是他们懂得倾听客户的意见。

传统的培训会教授一系列销售控制步骤。市面上售卖着各类指南类手册，以及销售训练磁带，不仅有公司内部开发的培训项目，也有外聘的专家研讨会和演讲。所有这些传递的信息都是：借助各种策略来控制销售进程，以求赢得"博弈"。

几年前《培训》杂志刊登了一篇关于销售培训现状的文章，米勒啤酒酿造公司（Miller Brewing Company）的销售培训师大卫·默吉斯（David Merges）在文中称，销售人员要学的东西是这样的：

比如（此处请深呼吸）：勘探、鉴定、探索、倾听、陈述、提问、支持、完结、证明、解释、重新聚焦、建立、消除异议、计划、解决问题，以及——管理好他们的时间。他们还必须学会问各种各样的问题，如开放的、闭合的、发现的、引导的、澄清的和发表意见的，等等。

当然，还有更多。销售人员还必须学会如何总结推销过程，这也不是一件简单的事情。有总结性结尾、选择性结尾，还有周顾事实硬下结论。

销售人员淹没在各种技巧中，他们"解读"买家心理、"调查"他们的信息来做推介演示，努力"完成"销售。因为这种模式是建立在买卖双方对抗性竞争基础上的，那么为了成功，卖方必须在买方不知情的情况下占据优势。

无数例子表明，传统的销售培训在不遗余力地强化传统买卖关系的对抗本质。浸淫在这样的操纵技巧和控制语言中，销售人员难免会深陷传统的销售模式，也很难在市场中取得成功。

鞭子依然挥舞着

许多协同式销售课程的学员毕业时都满怀热情，对实践销售新模式充满信心。但是如果公司文化不支持这种改变，他们回去后就会发现处境尴尬。

鉴于这样的反馈，针对影响销售人员效率的组织层面的问题，我们和客户做了很多工作。不出所料，我们发现：**面对当今商业环境的挑战和要求，现有的公司组织文化以及在此文化背景下搭建的内部系统是落后且无效的**。在这种组织文化中，传统销售模式大行其道，而固守旧模式无异于自毁前程。

公司应该履行责任，为员工提供一个良好的成长环境，而且此事刻不容缓。公司要么主动做出必要的改变，要么被商业环境倒逼着不得不改变。

实际上，今天大多数企业组织的管理文化和美国南北战争时期的种植园制度相差无几。自那以来，人类社会发生了巨大的技术变革，但人际交往技能却依旧停留在原始状态。

玛丽莲·弗伦奇（Marilyn French）在她的著作《超越权力》（*Beyond Power*）中这样写道："要想把奴隶留在地里干活，你就必须自己待在那里，或者指定一个监工来保证奴隶服从命令。但这么一来，就有必要指定一个主管，来确保奴隶和监工之间不会狼狈为奸；然后又得安排一个总监来确保奴隶、监工、主管这三个人不会沆瀣一气……就这样一层又一层监管，没有尽头。"

诚然，当今企业的工作环境比种植园要好，管理技术也更精细，但"鞭子"依然挥舞着。人们还是会形容某人像"周扒皮"，抱怨那些对员工需求漠不关心的上司。运用奖惩手段让员工做好本职工作仍然是标准的操作程序。在许多组织中，"授权"这个概念也沦为一种新形式的操纵，目的是让员工去做管理层想让他们做的事情。

大多数销售组织，就像种植园一样，要制订年度目标，然后告诉每个销售人员（奴隶）公司期望的结果，以便实现年度计划（达到收成目标）。销售人员必须履行职责，否则就会被剥夺工资福利以及其他特权。各种管理形式成了日常生活的秩序，优秀的销售人员成为努力工作的典范，其言行被公开展示。经理（监工）背负着上级提高产量的命令，而首席执行官（种植园主）则悠闲地在办公室逡巡，宣扬为公司（种植园）工作的好处。

当今企业对人才的浪费也是惊人的，人力资源的流失是巨大的。有些人选择离开；而有些留下的人只是混日子，坐等周末、假期或退休。许多公司只能接受这种情况，认为"事情就是这样，永远不会改变"，或者认为"这就是人类的本性；再也不能指望有人会好好工作了"。一些公司解雇了关键岗位的经理，让他们下岗或者转岗，因为他们无法"激励团队"；还有一些公司实施新的培训计划，制定新的激励机制，召开"激励型"销售会议。所有这些措施都是为了"解决问题"，他们认定"人就是问题所在"。也就是说，实施这些项目是为了让销售人员对他们的工作充满热情，从而提升业绩。但是这些传统疗法是有害的，它们只是固守现有的文化，而人才的浪费还在继续。

当代公司，拥有先进的科技和复杂的组织，但它们的运作架构却仍是落后的。而且，大多数人认为这种架构是理所当然的，而且别无选择。

公司的组织架构图展现了传统的层级结构，从中可以找到各种方框、直线、虚线以及不同的管理层级，一目了然。但是，任何一个在大型组织中工作过的人都知道，用来显示等级制度的组织架构图有很大的缺陷。

首先，它只反映了"职位权力"，并没有说明个人负责的具体事宜。换句话说，它只体现了那些喜欢玩"组织架构游戏"的人，而这些人与真正有效工作的人不能混为一谈。这不是批评，他们只是公司制度的产物，成功按照现有的游戏规则行事。错误的是游戏和规则本身，而不是个人。放弃让他们成功的规则是很困难的，但他们不能再故步自封，不能因为看不到其他可能性而死守现有的游戏规则。

组织结构图使用方框来表示职位，但方框实际上反映了完成工作所面临的障碍。它不能准确地表示为了绕过障碍而发展起来的沟通渠道。此外，它只显示了因部门职能不同而构建的各个独立部门，却没有反映出职能设计的内在冲突。

架构图确定了管理层级，但没有明确这些层级之间的沟通。到达"顶层"的重要信息，对高层管理人员的有效决策至关重要，但这些信息通常都是自下而上层层传递的，信息经过处理后再上报。那些渴望表现以及操纵权力的人，扭曲了信息的真相。架构设计中固有的恐惧和不信任阻碍了信息流动，其内容被有意淡化，以避免加剧那些未被解决的冲突，而组织结构图对此毫无反映。

此外，从架构图中看不出来：解决客户服务和产品质量的问题需要投入的时间超乎寻常。这些问题对销售过程非常重要，会影响到与客户打交道的员工，而他们通常位于图表的底部。

套用传统的等级制度来应对当今商业环境的需求是个错误，也是无效的。

公司文化中积弊已久的另一个问题是配额制度。"配额"二字意味着"这些是你要取得的结果；除了不能降价，其他不限制，只要你能达到"。

在实行严格的月度配额制度的公司中，客户在销售眼中只是一串串数字，他们只是达成配额路上的障碍。因为许多销售人员都有自己特定的市场区域，并定期拜访同一批客户，所以这些客户就成为销售人员每个月、每个季度、每一年都要一再跨越的障碍。于是，销售人员的首要任务变成了生产数字，而不是建立一个强大的忠实客户网络。

这里有一个汽车行业的例子，涉及零件部门的销售人员，他们每个月都要拜访同一批汽车经销商。

每到月末的最后一个星期，高层就会传来命令："配额还没达标，都给我出去卖零件！"然后销售人员会打电话给经销商，苦苦哀求，使尽浑身解数来推销产品。可以想见，下次他们再来拜访时，经销商见到他们会很不高兴，他们库存太高，总有抱怨。所以难怪，这家公司的销售培训课程集中在如何处理客户投诉上。

类似的情况在其他行业也会发生，销售配额是由高层管理人员设定的，他们会设置奖励制度来确保配额的完成。整个系统让问题更加恶化，为了增加销售额而催生出的这种结构并不利于增加营收的主要目标。

买卖双方之间的关系从一开始就很脆弱，而系统运转之后产生了更多对抗和阻力，使买卖关系变得更加复杂，结果往往事与愿违。西尔斯公司在 1992 年 6 月注意到这一点，当时加利福尼亚州和新泽西州双双指控它——在向顾客兜售不必要的汽车修理产品时存在欺诈行为。一星期之内，西尔斯公司发布声明，宣布出于对客户的承诺和避免任何额外问题，他们正在调整汽车维修人员的激励补偿机制和目标设定系统。显然，西尔斯公司意识到了，当前的系统滋生了对客户不公的环境。因此，该公司改用了一个使顾客满意的系统。

配额制度需要彻底改革，除了给买卖双方带来压力外，它起不到任何作用。首先，销售人员很少有动力去实现上级管理层强加给他们的目标；其次，奖励系统如果被视为强制性和操纵性的，就会失灵。如果销售人员不能参与目标的设定，如果配额看起来不够现实，任何激励措施都不会改变他们的行为。

如今许多公司使用的配额制度，对他们想要创造的业绩是不利的。再次强调，面对今天的市场，公司的管理系统需要改变，从而尽可能优化销售人员的效率。

第二章

新的范式，
新的可能

探索的旅程不在于发现新大陆，而在于培养新视角。

——马塞尔·普鲁斯特

◇◇◇◇◇◇◇◇◇◇◇◇◇◇

　　正如我们在上一章中所说的，当今市场需要一种新的关系模式，包括买卖双方之间、销售人员和销售经理之间、销售人员和其他影响销售过程的人之间。此外，销售人员接受培训的方式和他们所处企业的文化也要改变，以支持新的模式。

　　当前系统需要的不仅仅是修复，因为传统的修复方案并不起作用。原先我们解决这些问题的标准方法是加倍努力工作，设置更有力的奖惩措施，开更多会讨论问题，指责外部事件或经济形势，甚至是走马换将。如今这些方法似乎都不管用，不过是让所有参与销售过程的人深受其害。传统的销售系统就像一辆曾经有过辉煌岁月的汽车，它太老了，再多修复也无济于事。

　　只有思维上的重大转变才能产生效果——我们需要的是"范式"的转变。

　　"范式"这个词的英文"paradigm"来自希腊词根"paradeigma"，意思是"模式或样式"。范式是一种思维系统，奠定了我们如何看待生活、经历人生的基础，决定了我们是如何感知世界的。

下面我们将逐一研究范式的主要原则，以便进一步理解这个多层次的抽象概念。

范式决定我们如何看待生活

事实上，范式的作用是通过过滤我们的经验来匹配我们的信念。也许下面这个类比有助于理解范式的力量。

在摄影中，你大概知道可以在镜头上加滤镜来改变相机记录在胶片上的东西。滤镜可以让天空变得更富戏剧性，可以虚化背景聚焦肖像，可以给灯光增加梦幻的星空效果，等等。只要相机镜头上加了滤镜，相机就能看到新的"现实"，所以你可以通过改变滤镜来改变相机看到的"现实"。

范式的工作原理也是一样的，它过滤我们的生活经验，形成符合我们信念的"现实"。请注意下图中反映的范式效应。

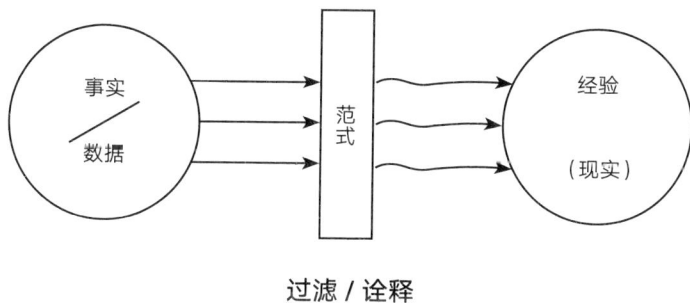

过滤 / 诠释

范式像滤镜一样过滤或诠释生活中发生的事情（事实），然后形成我们的经验（我们的现实）。

举个例子，老板对你说："米勒集团这个客户你做得很好，我认为你真的处理得很棒。"如果你不信任他，你可能会暗自戒备——"他这么说到底什么意思"，或嗤之以鼻，觉得"他就是装模作样"。

任何事实证据，一旦与我们运行的范式相抵触，我们都拒绝相信。

范式是我们隐形的边界

因此，我们很少发现思维范式，更谈不上仔细研究，甚至从未试着去理解。范式是无形的力量，构成了我们生活的边界，就像水族馆里透明的玻璃，那是鱼生活的边界。大多数人很少审视影响他们生活的范式，因此像鱼缸里的鱼一样生活在封闭环境中。他们按照自己的常规范式所决定的统一模型来思考和行动。

我们的思维范式影响我们的生活，就像静卧的铁轨之于奔跑的火车。大多数人认为他们控制着自己的生活，但这种控制像火车司机对火车的控制，是有限的。实际上，火车司机能影响的只有速度——使火车减速或加速。但是正如铁轨决定火车前进的方向，我们的思维范式也决定了我们的生活方向。

此外，如果范式保持不变，你的未来是可以预测的。就像铁轨上的火车总是沿着同样的路线到达同样的目的地，如果不改变思维范式，你的未来只能是过去的延伸。范式塑造可能，忽视这种力量将限制我们改变生活的可能。

范式定义了我们的行为，为我们提供了一组规则，我们只有遵循这些规则才能取得成功。例如，棒球比赛有具体规则，球员掌握规则才能取得比赛成功。如果投球手在好球区外投出四个球，击球手就可以走到一垒；如果他在好球区内投出三个球，击球手就得出局。三次出局后，对手就有机会得分，以此类推。这样，球员的行为就被限制在规则允许的范围内。换句话说，击球手不能毫无顾忌地把球打到外场，然后直接跑到三垒，因为这么做的后果是被罚出局。

范式建立的规则虽然不成文，但和棒球规则一样强大。它是无形的，很多时候也是无声的，但效果与所有规则一样。例如，在商业环境中，人人都可以描述自己对 IBM 公司员工的印象：男性一律身着黑色西装、白色衬衫和尖头皮鞋，女性也是同样的风格。其实并没有关于 IBM 员工着装的明文规定，但长久以来，公司里没有人穿得有所不同。直到近几年，情况才发生了变化，而这恰恰反映了 IBM 公司的信念正在改变。范式的运作也如出一辙。

范式塑造了我们的可能性和成就

因为范式构成了我们的生活边界，它们有效限制了那些边界之外才能感知到的可能性。同样，今天被定义为不可能的事情，也只是受限于当前范式下的认知。

例如，在 1492 年之前，环游世界是不可能的事情。当时人们普遍认为，地球是平的，一路向西不可能抵达。直到哥伦布改变了这种想法，创造了新的范式，不可能才成为可能。

下面这个例子展示了范式对个人生活的影响。

南希原来从事客户支持方面的工作，能力有目共睹，之后她被调到了销售部门。客户真的很喜欢跟她共事，这些积极反馈促成了她这次的职位变动。我们在培训课程中见到南希，是在她调到销售部后不到一年时，但是她整个人看起来沉默寡言。在一对一的培训环节中，我们看到了她的思维范式。

我们请南希描述她生活中那些成功的时刻，但是她一个都说不出来。她大学毕业时的平均成绩是3.6，但她并不觉得成功——因为没有拿到4.0的满分。还有其他几个场景都体现了同样的思维范式：无论自己做什么都不够好。这种范式意味着她不敢发表言论，因为觉得自己人微言轻。这种自惭形秽的思维范式控制了她的生活，让她对任何成就都不满意，在所有关系中都表现得不自信。

我们发现控制她行为的范式后，告诉她这种范式带来的后果：痛苦、沮丧和恐惧，让她决定做出改变。我们问她：果断的南希在外表、谈吐上会是怎样的。在接下来的一个多小时里，我们都在讨论哪些特质能展现出一个更有力量的人物形象。随着每一次改变，她的表达越来越有激情和力量。

销售范式的转变

理解当前范式的限制是打破束缚的第一步。范式的转变需要一种新的思维方式，一套新的理念。当然，范式的转变会带来新的可能性。

范式转变的一个经典例子是哥伦布带来的影响。通常，相信一些超出当前范式的东西的人会被认为是奇怪的，甚至是疯狂的。试想哥伦布需要多大的勇气，才能说服伊莎贝拉女王投资他的疯狂计划，这样他才能招募船员一起"跨越地球的边缘"。

哥伦布证明了地球不是平的，改变了以往的范式。于是，一套新的信念发展起来，以应对新的现实。

历史充满了范式的转变，而销售领域正在发生这样强有力的变化——它将改变我们的方法：如何做销售，如何培训销售团队，如何管理和激励销售人员。这种新的销售模式带来一套让我们成功的新规则。

我们称这种销售的新模式为"协同模式"。协同的英文是"synergism"，源自希腊语"sunergos"，意思是"一起工作"，指的是两个或更多的人之间协作所取得的效果，大于每个人独自工作的贡献总和。换句话说，整体大于部分之和。买卖过程是需要协同的，无论卖家多么积极努力，如果买家心不在焉，销售也不会成功。而对买家而言，自己需要的东西也得靠别人卖给自己。只有双方协作，才能有效地完成流程。

新的协同模式还要求：销售人员和他们的上级销售经理之间的关

系，以及销售人员和参与销售过程的其他部门或组织之间的关系，都将发生根本性的变化。如今，成功的销售要求销售人员能够与任何影响他们成功的人发展协同关系。此外，新的范式对销售人员的培训方式也有显著的影响，因为销售人员需要学习新的能力和技巧。公司文化也必须改变，更好地支持协同范式的新思路和新行为。新的范式规则影响着销售的每一个领域，回避任何问题都会招致失败。

让我们来看看这种销售范式转变的模型：

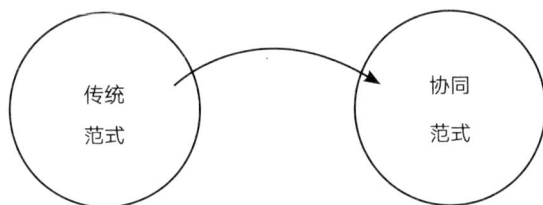

传统范式的销售

· 基于历史经验，受传统输赢文化的制约；

· 在舒适区内，我们知道规则，也采取了应对策略，调整了自己的行为方式，与他人一起生活和工作；

· 限制我们的思维和行动。我们别无选择，我们与他人相处的方式，实际上是某种自动化的反应。

协同范式的销售

• 基于新的可能性。不受限于过去的输赢文化，而是通过双赢合作创造全新的销售模式；

• 让许多人感到不安，因为它代表着一种新游戏，有一套新规则；

• 让销售人员有能力摆脱固有的自动化反应，可以在人际关系中做出更多自由选择。

正如我们在第一章中看到的，传统的输赢模式会带来灾难性的后果，虽然这种模式是我们熟悉的。因为熟悉，对我们来说身在传统模式之中是舒适的。我们知道这个游戏的规则，每个人都有自己的策略，尽己所能来玩这个游戏。这些策略成为我们自动化反应的程序，控制我们的思维，限制我们的行动。

巴克在书中强调过："当一个新范式出现时，每个人都会回到原点。"换句话说，新游戏需要新规则。因此，随着销售游戏的改变，成功的规则也随之改变。过去让销售人员成功的东西在当下不再适用，因此每个参与销售的人员都必须学习新规则。这对那些功成名就、经验丰富的销售主管而言是个困境。他们更依赖旧范式，熟知在输赢模式下成功的规则。他们很难摆脱传统思维，因为那是他们成功的基础。但是，销售领域的范式正在发生转变，引领新游戏的将是那些学习了新的成功规则的个人和组织。

新的销售协同范式的影响是根本而广泛的，它影响了买卖双方之间的关系，而且在销售人员与其销售经理之间，销售人员与内部支持部门之间，也不例外。它还要求改变销售人员接受培训的方式，改变他们公司的组织文化，改变他们工作团队的结构，改变他们薪酬所依据的配额和补贴体系。总之，这种新的模式重新定义了销售行业，不啻为一场革命。

这些巨大的变化需要一套新的技能和规则，人们通过掌握新技能来改变自己的行为。此外，伴随变化而来的可能还有风险，个人和组织必须愿意承担。不过有句话说得很有道理：不改变才是真正的风险。如果你麻木地做着无用功，而与此同时其他人都在改变，那么你就是把自己和公司置于岌岌可危之地。

第三章

伙伴关系是协同范式的基础

你永远不会"结束"一次销售，相反，你将开启一段长期的关系。

——丹尼斯·威特利

◇◇◇◇◇◇◇◇◇◇◇◇◇◇◇

　　传统意义上的买卖双方关系是建立在敌对立场上的。传统范式所诠释的销售，是想方设法要买家做一些他们原本可能不会做的事情。本章提供了一种有效的模式，来帮助销售人员改变他们处理买卖双方关系的方法。

　　这种新的协同方法适用于所有类型的买卖关系，可以是简单的一次性交易过程，也可以是需要不断调整购买决策的复杂互动。买卖双方想要维系持久的关系，协同模式尤其有用。下面我们将逐一详述。

　　初级销售形式是一次性买卖交易，其中，购买决定是在很短的时间内做出的。这一层次的销售包括：零售、办公设备、某种形式的保险、丧葬预订服务，等等。从事这种销售的销售人员卖的通常是某种标准化产品。

　　有趣的是，在这些行业中，即使是短暂的关系也很重要。买家希望销售人员能倾听他的需求，帮他做出合适的决定，而不是施加压力。换句话说，买家希望从一个可信赖的人那里购买所需——不是被当作推销对象。因此，关系不仅是过程中的关键考量，也是建立客户满意度的重要因素。销售人员及其公司树立起可靠的口碑，对于创造回头客至关重要。

在销售行业中，有几个以前被认为是典型"一次性交易"的心态，现在也有所改变。汽车销售人员，曾经在大多数消费者眼里都是"扣篮式销售"的典型，成交后就两不相干了，但现在他们知道了建立强大客户关系的价值；而保险销售人员也明白了要通过客户引荐以及老客户续签来发展新业务。

另一个层次的销售，需要买卖双方频繁互动，从而完善购买决策。价格越高或技术越复杂，通常就需要越多的交互。这种情况下，销售人员要与潜在买家保持联系，以期有朝一日做成一笔生意。这个层次的销售，需要能建立和维持长期关系的能力。这种销售的特征是：产品和服务更多是根据买方的需要来定制的，买卖双方关系更亲密，信息流动更频繁。更多的人参与到买卖过程中，包括组织内部不同层级的管理人员。比如：房地产、组织机构的保健项目、医院的高科技医疗设备、定制的计算机网络，都属于这个层次的销售。

最后，还有一种持续的、永久的买卖关系，需要全面的"关系管理"技能。就像婚姻一样，这类销售需要打破和客户之间相隔的墙，对彼此的情况了如指掌。这种销售关系逐渐成为主要趋势，特别是在如今的品质管理运动中，许多全面质量管理的支持者都相信"独家供应商"的价值。

这种长久的关系可以很简单，比如地推人员在超市货架上不间断地补货，制订促销计划帮助商店增加收益，以此推进公司和批发零售商之间的关系。这里还要提到一个例子，关于制造公司与其独立分销商之间的复杂关系，比如汽车制造商及其经销商。其中还牵涉到一个快速发展的新领域"网络营销"。总之，在每个例子中，双方的成功都取决于关系的有效性。

最近，"伙伴关系"一词越来越流行，用来形容买卖双方之间持续存在的关系。但根据我们的经验，大多数公司在销售会议上只会把这个词说得天花乱坠，却并不了解它的真正含义。他们也没有培训销售人员如何与客户建立这种伙伴关系。例如，一个生产组织总是背着分销商单方面做出营销决策，这种做法如何能称作合作伙伴关系呢？

《美国传统词典》将**伙伴关系**定义为：一种关系状态，其中双方地位平等，具有一定的独立性，但对彼此负有一定的责任或义务。是的，"地位平等"！这对制造公司来说是行不通的，因为他们坚信，那些人能被选中成为经销商已经是他们的运气了，又谈何平等。至于"义务"，如果制造公司认为他们给分销商的订单可以延期交付且无须愧疚，那么这种说法也站不住脚。尽管如此，他们还是会在公司会议上大费周章地谈论与分销商的合作伙伴关系。

伙伴关系实际上是协同范式的基础，在这种情况下，双方关系得以发展。拥有伙伴关系取决于个人状态，而不只是你做的事。

让我们来看看伙伴关系的四个特征，这对销售人员个人和他们的公司组织同样适用。

首先，伙伴关系具有相互依存的性质。拥有伙伴关系意味着，你知道你不能，或者不会独自做事。你意识到每个人都依赖另一个人来获得想要的结果。这通常是人们使用"伙伴关系"这个词来定义自己与他人关系时的理解，但要建立真正的合作伙伴关系，还远远不够。

其次，你必须对伙伴忠诚。换句话说，你必须践行承诺，其实伙伴关系的意义比这更加深远。如果满足对方是你愿意做的事，伙伴关系就会向前发展。这是你为人处世的方式，而非训练出来的技能。

再次，承诺在伙伴关系中有比个体独自运作更好的结果。换句话说，在合作互动中，买卖双方因为一个更宏大的愿景而愿意一起工作。例如，芭芭拉是一家印刷公司的销售主管，该公司专门为客户生产定制宣传册。她与客户建立了合作伙伴关系，在实际买卖互动中做出了一个更大的愿景承诺：她和客户都必须致力于对外宣传公司的价值和产品，并提高沟通质量。因此，当她和客户一起做特定的项目时，他们所追求的是比个体目标更大的成果。

最后，伙伴关系是有未来的。伙伴关系的范围比一次性买卖更大，伙伴关系意味着持续的交流，因此有可能持续地成长和改进。伙伴关系是一种基础，卖方可以持续改进产品，买方可以不断优化使用，从而使伙伴关系的有效性和价值最大化。

前面讨论的三个层次的互动代表了不同的销售情境，而不是销售的方法。伙伴关系的模式可以应用于任何一个层次。合作伙伴关系是协同范式的基础，你希望与客户的互动是在传统销售模式的背景下进行，还是在合作伙伴的背景下进行，这是你的选择。

下面的图表将帮助你区分销售的传统模式和协同范式。

【传统范式】与【协同范式】

认为买家是可控制的，只要卖家使用合适的招式或话术，就可以操纵他们。	认为买家是可以自我导向的，有能力为自己的决定承担责任。
卖家希望利用信息以及"技术"来迫使买家做出符合卖家预期的决定。	卖家希望协助买家根据自己的需求自主选择做出决定。
卖家动用各种策略或技巧，就是为了尽可能加速销售从"开始"到"结束"的过程。	卖家作为协调者，帮助买家做出购买与否的决定，不强加给买家任何销售流程。
卖家会对买家做各种分析判断："风格""类型""特性""群体网格中的位置""个性类别"，等等。	卖家不会分析买家或对其抱有成见；相反，他们会专注于理解买家的言行。
通过"诊断"买家风格，聪明的销售人员会选择对应方法来操控买家——他们知道该按哪个按钮来触动买家。	卖家不会试图控制买家；相反，卖家会努力接纳买家的节奏，尊重他们在不同阶段的需求。
使用控制性语言，比如：刨根问底、排除异议、用快速结单的套路、推着买家往前走、引导性问题诱导买家同意、控制名额排优先级，等等。	使用合作者和协调员的语言：帮助买家找到满足需求的解决方案，作为顾问协助他们做出决策。

S.E.T. 沟通效能训练

显而易见，以上对比反映了我们对买卖双方关系看法的巨大转变。在本章中，请保持开放的思想，我们将确定协同范式销售的五个关键原则。如果想从中受益，就必须相信它们的有效性，还要将它们应用到销售中。

以下是在协同范式下销售的五个基本操作原则：

1. 放弃任何"销售步骤"体系。因为是买家来做最后的决定，他们要经历的是一系列"购买步骤"。

2. 控制和压力会对购买过程的正常流动造成阻力和障碍。

3. 销售人员创造的氛围，应帮助买方做出是否购买的决定。

4. 销售人员必须摆正自己的角色，成为买方的顾问。

5. 销售人员必须创造价值。

同样，这五个原则适用于所有的销售情况，从一次性买卖，到那些需要频繁互动来调整购买决策的交易，最后到持久的买卖关系。

1. 放弃任何"销售步骤"体系

传统销售模式建立在一系列假设的"销售步骤"上——开始、询问、展示、处理异议、结束交易，诸如此类。这个序列的设计给销售人员提供了一个框架，来把控销售主动权。不幸的是，这种做法不曾顾及买家，没有考虑他们自己的需求。这就是为什么传统销售流程实际上并不利于销售的成功。

协同模式下的成功销售，需要不断了解买方的决策过程。最终做出购买决定的是买家，他们希望积极参与决策的过程。销售人员的角色是帮助买家顺利完成这个过程，循序渐进。这六个步骤是：

1. 明确买家未被满足的需求或内心的担忧。
2. 拟出可选的解决方案。
3. 检查评估备选方案。
4. 确定最佳方案。
5. 执行决策。
6. 评估结果。

下面我们将作为买家完成这个过程。假设我们想买一辆车。

第一步，试着确定未被满足的需求或内心的担忧。比如，我们需要一辆四门车来替代原来的双门车；我们现在想买一辆国产汽车，但又害怕质量低劣；我们需要一辆省油的车；我们担心贷款利率太高；我们需要更大的后备厢空间；我们不确定旧车再开一年是否更合算。这些需求里，哪些可以放弃，哪些必须满足，我们甚至可能确定好了优先级。

第二步，考虑满足需求的不同选择。这意味着可能要去好几家车行查看不同的车型；如果需求更具体，我们也可以去一家特定的经销商那里查看不同的车型。重要的是，我们仍然在第二步，正考虑可选方案。许多汽车销售人员在此刻急于求成反倒会功亏一篑。他们想推动我们直接进入下一步，但我们还没准备好，销售的急迫会让我们产生抗拒。如果销售人员此时只是展示有什么可选方案，我们就不会遭遇太大的阻力。

第三步，检查并评估我们的选择。我们会试驾，谈价格，听销售介绍，或者做其他任何事情，从而获取能帮助我们做决定的信息。我们还会判断销售人员所提供信息的可信程度。这个步骤，某些人可能耗时较长，某些人可能一气呵成。销售人员必须关注每个买家的评估过程。

第四步，做出决定。对某些人来说这并不容易，但是记住，在第三步中，我们已经做了很多评估，第四步就是明确自己的决心："这就是我决定要做的。"

第五步，明确如何执行决定。在买车的例子中，就是签署文件，准备资金，以及其他需要做的事情。

第六步，评估购买决定——这个大概要滞后一段时间。比如，新车是否符合我们的需求和期望？而此时我们通常还会评估另一个关键因素：**购买过程中销售人员是如何对待我们的。**

买家和大多数人一样，希望自己做决定。购买者希望有机会在不受强迫的情况下自己做决定，而在传统销售模式中，销售人员试图控制买家的做法，不仅会产生更多的阻力，甚至断送交易，损害双方的关系。

销售人员的角色是推进购买过程。所谓推进是指将买方从困难和障碍中解放出来，并协助买方决策，使购买过程更容易。在协同范式销售中，需要遵循的是买方在决策过程中的动向。

此外，也没有可供销售人员使用的类型分析——销售没有必要弄清买方的类型、思维模式。这样会产生预设，限制买卖双方关系的发展，而关注跟买家的沟通比研究他们的类型更重要。

买方决策过程的六个步骤适用于所有层次的销售。某些情况下，还有其他影响购买决策的个人可能会参与到购买过程的特定步骤中。在持续的买卖伙伴关系中，包含许多重复的购买过程。关键在于，一个购买者，在任何时候，做任何购买决定的过程中，都会经历这六个步骤。

再次强调，想在新的销售模式中取得成功，销售人员需要意识到，买方得自己做决定。这意味着放弃卖方控制的销售过程，而是为买方的决策过程提供便利。这会给买卖双方都带来更好的结果，产生更有效的决策。

2. 控制和压力会产生阻力

越强迫对方做某事，成功概率就越小。买家想要自主做出决定，压力会带来更多阻力，阻力反过来产生更大的压力，形成恶性循环。我们给买家施加的销售压力越大，他们反弹的阻力就越大。

人们甚至会抵制那些对他们有利的决定，因为他们觉得自己被强迫了。抵抗是一个风险信号，说明在这个过程中出现了问题。此时你需要停下正在做的事情，去了解这个阻力从何而来。下面是一个典型的压力—阻力—压力循环作用的例子，来自某个一次性交易的场景。买方晚饭后在家接到销售的电话。

买家：您好，哪位？

卖家：您好，约翰逊先生，我是电星公司远程网络部门的艾伯特，想跟您介绍下我们新的资费服务项目。请问您目前使用的是哪家通信服务？

买家：您好，艾伯特女士，我们用的是银河通信，当前的服务我们非常满意。

卖家：我知道您对现有的服务很满意，但是我们的新项目可以为您节省一大笔钱。您现在打长途电话通常要花多少钱？

买家：听着，我刚说过了，我们对银河的服务很满意。而且用他们家很多年了，我们觉得没有必要改变。

卖家：约翰逊先生，如果我跟您说长途话费可以省20%，您感兴趣吗？

买家：不，我不会，无论如何，我都不相信你们那些天花乱坠的数字。你们一个个的，都是各种套路。所以，不用了，谢谢。

卖家：嗯，我明白的，但请给我一点时间，我来解释一下我们的资费是如何计算的。

买家：不！我说了，我不感兴趣！

卖家：您的意思是不想省钱？

买家：再见！（挂了电话）

不断向客户推销不但一无所获，反而失去了更多。如果未来约翰逊决定换一家长途电话服务公司，可以打赌，电星公司绝不会在他的考虑范围。事实上，有些买家的想法是摇摆的，但为了抵抗施加在他们身上的压力，他们被迫选择并坚持一个立场。

举个例子，假设约翰和辛迪边吃午饭边讨论一个有争议的话题，比如枪支管制。约翰反对枪支管制，并且嘲笑一位当地参议员在采访中的言论。他问辛迪的看法，辛迪说他不太确定，但倾向于赞成枪支管制，因为有很多人死于枪击事件。约翰认为"这是一个荒谬的论点"，杀人的不是枪，而是人。辛迪为自己的观点辩解，而约翰则反唇相讥。约翰越是反驳，辛迪对自己的信念也越执着。等吃完午饭，辛迪对自己在枪支管制问题上的立场已经坚定不移了。

有效的销售人员并不一定要克服阻力，而是要从一开始就预防阻力的产生。

3. 销售人员必须营造一种有利于决策的氛围

心理学家库尔特·勒温（Kurt Lewin）研究人们是如何改变的，说："人们接受一项创新（改变）之前，必须要解冻现有的信仰体系。当改变者有机会公开表达他对旧信仰的忠诚以及对改变信仰的恐惧和怀疑时，这种解冻将事半功倍。"

随之而来的是：对旧方式的忠诚和对新方式的恐惧和怀疑。客户需要一个谈论他们担忧的机会，因此，销售人员必须善于倾听，而且不带任何评判。只有这样，客户才能毫无顾忌地说出他们的困扰。在传统销售模式中，这些困扰问题被认为是"需要克服的异议"，而协同关系需要的开放、诚实的沟通也会被阻断。

在传统模式中，卖家经常滔滔不绝，展示他们的知识。在这种设定下，销售人员相信，排除买家的异议是销售的关键因素。因此，他们很难理解仅仅倾听这些担忧而不采取行动，这种做法的重要性。

一般情况下，如果买方可以坦诚表达自己的疑虑，并且卖方能郑重对待，这种阻碍改变过程的力量也就消失了。但如果怀疑无法表达，或者表达了却遭拒绝，就会破坏关系。下面是一个销售人员在传统模式下如何处理这些怀疑情绪的例子。对话发生在一次汽车交易中：

买方：吉姆，真的很感谢你花时间陪我，但是我那辆旧车还是想继续开一段时间。现在就换车似乎要花很大一笔钱。

卖方：好吧，玛莎，这是你的决定，要知道促销明天就结束了，这样的优惠过了这个村就没这个店了。

买方：嗯，我也没想好。我刚搬家，要付更多房租，各种开销很大。

卖方：别担心。你不是说马上就升职了嘛。情况会好的。

买方：话虽如此，但是你不能指望这些东西。而且我觉得，买新车似乎有点奢侈。现在这辆我开得好好的。

卖方：玛莎，你看，你那辆车开了好多里程了。用不了多久，它就需要各种维修，到时候光维修费就够你受的了。无论如何，生活中享受一点乐趣是应该的。这辆新车正是你所需要的。

买方：不，这不是我所需要的。

卖方：这样，我给你个优惠。如果今天提车，我免费赠送你一台CD播放机。

买方：吉姆，我不要什么CD机，也不想换新车。我开现在的车挺好的。

上面的对话中，吉姆准备了各种说辞逐一回应玛莎关心的问题。当买家被视为我们赢得博弈胜利的障碍时，我们就会这样见招拆招，我们必须向买家证明为什么买这辆车是正确的。现在再看看同样的销售场景，不同的是，这一次吉姆将倾听玛莎的感受，她对旧物的忠诚以及对改变的怀疑。他会营造一种氛围，让她解决自己的问题。

买方：吉姆，真的很感谢你花时间陪我，但是我那辆旧车还是想继续开一段时间。现在就换车似乎要花一大笔钱。

卖方：听起来你在资金上还有些犹豫，尤其是你现在的这辆车况也还不错。

买方：对，没错。我刚搬家，房租更贵了，所以我应该保守一点。

卖方：明白，所以你觉得需要谨慎一点。

买方：是的，是这样，但是我又觉得我应该买辆新车。我工作很努力，升职也是十拿九稳的。而且我也开始担心，现在这辆车的里程数也不少，将来可能面临蛮高的维修费用。

卖方：所以即使你对升职感觉胜券在握，但是搬到一个更好的公寓，同时还要换新车，你是有顾虑的。你真的很喜欢现在开的车，但是你也担心它开始需要修理了。所以，有什么我可以帮忙的吗？

买方：嗯，当然。我们能再讨论一下付款的选项吗？我还想问几个问题。

不难看出，第二个示例中的沟通过程远比之前的流畅。在这轮对话中，吉姆能够倾听并帮助玛莎解决她购买过程中的担忧，而不是为了消除这些担忧强行"销售"。这种态度对买卖双方关系影响很大。

4. 销售人员必须把自己看成顾问

顾问通常不会动用权威，而是依靠专业知识来帮助个人或组织"采纳"做事的新方法。然而，如何分享这些知识和专业技能是关键因素。知识渊博的顾问和"无所不知"的销售代表之间，主要区别就在于如何分享信息。

以下是我们课程中传授的一个理念：**如果你的产品或服务对我和我的公司有益，你需要以负责任的方式告知我，这样我才愿意接受。**

无论销售什么产品，提供何种服务，你对客户而言都是一个顾问，你的个人知识和专业技能都可能使客户受益。让我们看看成功的顾问会做些什么：在提供专业知识之前，首先确保客户愿意雇用自己；其次，确保客户意识到自己面临问题或有未满足的需求。与此同时，他们也要确保自己理解客户的问题或需求。

他们会让客户主导决策的过程。他们承认客户对改变的抗拒，同时确保客户了解事实和数据，或者知道如何得到它们。最后，他们把是否采纳或接受顾问意见的责任留给客户，而不是给客户施压。

顾问知道自己不仅仅是在销售产品或服务，很多时候，还要提供其他领域的知识和经验来帮助客户使用产品或服务。

朱尔是国内最大的一家电信公司的产品营销经理，他还记得自己做地区销售经理的经历。

他所在公司的客户主管和技术人员与一家银行电脑公司的总裁会面。这家客户非常依赖数据传输，而当时他们遇到了一些问题。朱迪的同事没有倾听客户的困扰，反而百般辩解，并把大部分问题归咎于客户员工接受的技术培训不足。总裁大发雷霆，会议不欢而散。

朱迪知道后给总裁打了电话，然后到他的办公室道歉。在倾听了他的问题后，他提出带一个小团队来分析情况，帮助公司确定总体目标和方向（这是顾问流程第一步——分析情况）。完成初步调查后，他全面考虑了客户可用的所有选项（这是顾问流程第二步——考虑备选方案）。然后，他制订了一个完整的计划，阐述这家银行电脑公司如何纠正现有的问题，并且在此基础上如何更有效地向其客户推广他们的服务（顾问流程第三步——提出建议）。该公司总裁对他提供的系统方案很感兴趣，购买了整套服务（顾问流程第四步——通过提供价值来激励行动）。事实证明，朱迪的顾问方式对银行电脑公司和朱迪的公司都非常有利，因为他完成了一笔很大的数据传输交易。

顾问会分析情况，考虑可选方案，提出建议，并通过提供价值来激励客户采取行动。成功的销售人员会视自己为顾问，他们知道销售的成功取决于他们能否以负责的方式，跟客户分享专业知识，为他们服务。

5. 销售人员必须创造价值

买家购买的是价值，而不是价格。如果客户说，他将和你的竞争对手合作，因为他们报价更低，那么他是在告诉你，你的高价格并没有在他看重的地方体现出相应的高价值，他觉得没有必要为此买单。买家是否决定购买总是基于这样的判断：这件东西将带给我什么好处，以及我必须为此付出什么代价（在大多数情况下就是花多少钱）。换句话说，对买家来说，只有产品和服务带来的价值高于他支付的价格，他才会购买。

一本伟大的小书，《新心理学：销售中的说服与激励》（*The New Psychology of Persuasion and Motivation in Selling*）出版于1965年，作者（惠特尼、胡宾、墨菲）提出一个公式来反映"价值"，他们认为经济价值可以用以下公式来表示：

$$经济价值 = \frac{质量 + 效用 + 服务}{价格}$$

请注意，"经济价值"的增加只能通过增加分子 [质量 + 效用（我是如何使用它的）+ 服务] 或减少分母（价格）来实现。这个公式的关键是要记住**质量、效用**和**服务**这些判断是来自买方的看法，而不是你的看法。你或你的公司认为重要的东西，对你的买家来说可能不值一提。因此，你必须询问客户并倾听他，了解在衡量这些品质（质量、效用和服务）时，哪些因素对他的看法和决定很重要。

如果竞争对手降价，你不必为了竞争而做同样的事情。通过提高买家对价值公式里分子部分的认可，你也可以提高经济价值比率，而不必降低价格。

第四章

有效倾听的三个层次

以这种方式和别人在一起，意味着把自己的观点和价值观暂时放在一边，从而不带偏见地进入另一个人的世界。

——卡尔·罗杰斯

◇◇◇◇◇◇◇◇◇◇◇◇◇◇

　　在协同范式中要成功地执行销售的五项原则，首先必须学会倾听。也许你从自己的生活经验中已经了解到，人们从心底渴望被倾听。当人们感到自己被倾听时，也会积极地回应倾听者，他们之间的关系就会有新的可能性。

　　我们对倾听的定义是完整地理解和解释信息，不强加自己的理解。这种倾听需要练习和精进，不仅要理解对方言语的表面意思，还要体会那些弦外之音，从而找到问题的核心。

　　我们课程的目标是带你区分——你现有的倾听概念和我们将要带你领略的倾听层次，这二者的不同。课程中 95% 的学员在上课之前都声称自己是好的听众，然而，这个课程为他们打开了一个全新维度，让他们了解到真正的倾听是什么样的。结课时，学员对关键沟通工具有了更全面的理解，也掌握了更多技能。

　　数十年来，人际沟通领域的许多创新领袖一直在提倡倾听的价值。托马斯·戈登最先认识到倾听在买卖双方关系中的重要性。早在 1959 年，在全美营销管理大会的演讲中，他就提出：

这种方法（倾听）旨在满足顾客的某些基本需求——被倾听、被理解、被接受、被尊重，他需要非常强烈的自我引导、自我决定和自我负责……也许这种新的销售方式会让销售主管们不再那么依赖"销售噱头"去蛊惑人心，而更愿意通过提升"销售敏锐度"来获得人心。

协同范式通过倾听来理解和接纳买方对外界的感知，相较于传统范式的倾听，角色发生了重大转变。传统范式也教导销售人员倾听，但目的是获取对方的信息，为推销做准备。在许多销售课程中，这被称为"探察"。在协同范式中，倾听不是对买方使用的套路，而是了解买家的一种方式。

理解和接纳买方的观点、需求和顾虑，意味着理解他们在决策中的忧虑、怀疑、恐惧和焦虑。这包括站在对方的角度看问题，包括当你不能兑现承诺时，理解他们的失望和沮丧。此外，当他们因为别人质疑自己的决定而感到尴尬时，你也能感同身受。为了深入理解他们，你必须暂时搁置你的意见或辩解。

要创造一种让买家可以毫无顾忌地表达想法的环境，这样他们就可以做出合适的决定。如果买家提出"反对"意见，你不必抵触回应；如果买家有购买意向，你也不必主动附和。买家必须能感觉到，你关心对方的感受，想要了解他们的观点和顾虑。

这种形式的倾听必须加以培养和练习。本章我们将关注有效倾听的障碍，并列出有效倾听者的特征。下一章，我们将展示如何在买卖关系中的三个重要领域运用倾听技巧：倾听买方的需求，倾听买方对改变的抗拒，倾听买方的不安。

为什么我们不能更好地倾听？

有四个主要原因导致我们不能更好地倾听他人：

1. 没有学会如何倾听。

2. 认为作为销售就是要主动说话。

3. 倾听需要集中注意力。

4. 思维范式扭曲了我们听到的事实。

这些障碍是如何影响我们，让我们无法更好地倾听买家、客户和其他人并理解他们的观点的？我们一起来看看。

1. 没有学会如何倾听

拉尔夫·尼科尔斯博士（Dr. Ralph Nichols）在《你在倾听吗？》（*Are You Listening？*）一书中总结了关于沟通过程的研究。下面就是我们用不同方式沟通的时间分配：9% 的时间通过写来交流，16% 通过读，35% 通过说，40% 通过听。

我们的父母一直帮助我们培养写作、阅读和口语技能，我们也在不断学习来提高基本技能。然而，倾听课程通常只在传播学或心理学的高阶学位课程中才会涉及。当前多项研究都证明了倾听在建立有效人际关系中的重要价值。这样的事实差距，不由让人扼腕叹息。

此外，我们在成长环境中，很少有好的倾听榜样。生活中，如果我们说了正确的话，或者通过言论展示了我们的才能，我们就会得到肯定。然而，我们几乎不会因为倾听而得到褒奖。事实上，成为一个有效的倾听者，这是一项重要的技能。直到 20 世纪 50 年代末和 60 年代初，研究人员才开始研究倾听的价值和有效倾听的特征。但很多人还是忽视了倾听在人际关系中的关键作用。

2. 认为作为销售就是要主动说话

在传统销售模式中，作为一名优秀的销售人员，成功的基本规则是能言善辩，牢牢把握谈话的控制权。通常情况下，销售培训主要针对表达的内容和方式。培训重点在于如何流畅地表达，如何以合乎逻辑的方式排除异议。

协同销售课程的学员很难克服这个固有的思维模式。我们设计了一个练习来阐明这一点，学员的状态在练习中展露无遗。

在第一步角色扮演练习中，我们要求学员简单地倾听一个朋友，对方想要更有效地健身。倾听者没有什么既定日程，没有什么要推销的，也没有什么预设结果，因此，学员可以很自然地尝试运用新的倾听技巧。

在练习的第二步，我们要求学员再次倾听这位想要拥有更好体型的朋友。然而，这一次，我们给了倾听者一个目标，一个预设结果，例如说服你的朋友购买一件家用健身器材。结果令人震惊，所有学员都停止了倾听，变成"卖家"，开始控制谈话，引导朋友靠近既定的销售目标。在这个过程中，你会看到朋友对谈话渐渐产生了抵触情绪。这个练习很好地展示了协同范式下销售的关键原则，同时也揭示了在传统信念中，人们认为"销售"是要去说服对方。

3. 倾听需要集中注意力

大多数人很难集中注意力，相反，我们认为可以同时做很多事情是了不起的，但这阻碍了我们的专注。你可能已经意识到，一般人的思维速度是说话速度的四到五倍，这意味着我们能在同一时间思考多件事。

不幸的是，销售人员经常处心积虑地倾听。他们有选择地听取他们想要的信息，以便达成销售。如果他们期待的购买信号迟迟不来，就会提出试探性的问题来获得想要的信息。他们满脑子都是销售战略，以至一再错过机会，去了解买方在决策过程中的进度。

销售人员一门心思琢磨接下来说什么来控制谈话，对他们来说，买卖关系就像博弈，买方说话的时候，卖方总是在谋划自己的下一步行动。

除此之外，人们还总是判断并评价别人的言论。听到一种说法，我们会判断它的对错。想一想你所经历的谈话，有多少时候你是在告诉别人是否同意他们的观点，而不是仅仅去理解和接纳他们的想法。

4. 思维范式扭曲了我们听到的事实

思维范式是我们体验生活的滤镜，我们把过去的经历带入每段新的对话，即便是和某人初次会晤，我们也会带着成见。这就像安装了一套预设的过滤装置，对方的信息往往会被扭曲。

下面两个例子来自我们的学员，说明了这个问题：

最近，我帮一个朋友搬新家。我们在车库等着，他说："我去给比尔（他的继父）打电话，让他过来帮我们装一些架子。"他这么说本来是很自然的，因为比尔手很巧，以前也帮过他很多次。然而，我一辈子都被人数落，说我不是个手巧的人，事实上我也的确不是。坦白说，我很羡慕那些心灵手巧的人。正因为我的这些成见，所以当他说"我去给比尔打电话，让他过来帮我们装一些架子"时，我听到的却是"既然你不擅长安装东西，我最好还是打电话给比尔，让他过来做这些"。我觉得他在批评我，这让我很生气！我的过滤装置完全歪曲了他想表达的意思。

* * *

最近一次课程上，一位年轻男性向大家抱怨他的经理跟他说话的语气。当被问及他讨厌的具体是什么时，他毫不犹豫地回答："他听起来就像我妈在跟两岁时的我说话，一模一样！" 同样，经理的语气让他想起了母亲，让他无法倾听当前的谈话。

在跟买家的每一次互动中，你过去与其他买家打交道的任何经历都会影响现在的沟通。你对买家的性别、种族、穿着，甚至头衔的看法，都会影响你从他们所说的话中听到的东西。所以，关键是要认识到你预设的过滤装置是如何影响现状的，这将帮助你从它的控制中解脱出来。

有效倾听的技巧

还记得我们的学员都自认为是好的倾听者吗？在培训中，他们学习了新的课程，了解到怎样才是真正有效的倾听者。也许阐述倾听技巧最简单的方法是将它们分为三个部分：行为专注、被动倾听和积极倾听。

1. 行为专注

行为专注指通过非语言交流向对方表明你很在意他们说的话。这主要包括：保持直接的眼神接触和开放的身体姿势。虽然这些技巧很简单，但它们对说话的人有很大影响。比如你正跟某人说话，而对方却只顾埋头工作，或者游目四顾漫不经心，很多人经历过这样的尴尬局面。如果不明确表示自己的关注，会破坏有效的沟通，奇怪的是，人们在倾听过程中往往会忽视这一点。

2. 被动倾听

被动倾听包括：沉默、理解性应答和倾听。我们来依次阐述。

沉默：沉默本身是一种非常有效的工具，因为沉默表示对说话者的关注，避免了任何评判或防御性反应，还为说话者制造了轻微的压力，使其继续说下去。

保持沉默的最好时机，可以是当对方跟随自己的思路和情绪流动畅所欲言的时候，也可以是当对方陷入沉思或者正经历强烈情绪波动的时候。例如，当人们停下来反思某一点时，一个好的倾听者会保持沉默，而不会打断对方的想法。

理解性应答：包括点头、身体前倾这样的动作，或者用"哦""明白了""是的""嗯"等回应。这样的回应不仅能让对方知道你正在听，而且你也很在意你听到的内容。同时，很重要的一点是，你不再评价对方所说的话。出于这个原因，我们应该避免回应类似："那很好""棒极了""你是对的"等。

倾听：正如字面意思所示，听众通过倾听回应对方，邀请他们敞开心扉谈论他们的需求、要求和顾虑。有效的倾听包括如下表达方式：

"跟我多说说那个吧。"

"帮我再理解下你所说的。"

"我很想听听你对此的看法。"

"我想听听你对……的感受。"

倾听可以让对话持续进行。他们不是提出问题来引导对方，提问会要求对方做出答复，会把谈话从买方的需求转移到卖方的需求。比如你开口问对方："难道你不认为……"或"你难道不愿意……"。那么对方往往会认为这是带着操纵意味的，你们之间原本顺畅的沟通可能会戛然而止。

3. 积极倾听

被动倾听只能部分实现你的目标，还有一种更深层次的倾听，也就是"积极倾听"。这是一项具有挑战性的技能，它需要真正专注于对方所说的话，还要敏锐地捕捉信息中的非语言内容。此外，还要处理信息中传递的感受或情绪。

积极倾听是建立协同关系的强大工具。通过积极倾听并回应，不仅能与买家保持同频，还向对方证明了你也感同身受。此外，积极倾听要求你非常专注地听，这让你有机会更准确地理解对方的信息。

积极倾听的好处不只如此，因为积极倾听能让对方感受到你的接纳——他会更愿意信任你。这能让他梳理出真正的感受，或者发现问题所在。积极倾听表明你愿意倾听，关心他的需求；相应的，他也会更愿意倾听你的心声。此外，积极的倾听技巧还能帮助你听到"弦外之音"，从而更能理解对方。你能通过表面言语理解信息更深层的意思。

当然，积极倾听也可能会被滥用，你们双方会因此感到挫败。这里有一些指导方针，确保积极倾听对你有效。

积极倾听能够有效运用的时机：

1. 对方明显感到烦躁或担心。

2. 某条线索表明对方想和你谈论他担忧的问题。

3. 你真诚地接纳对方以及他所面临的问题；你不必认可这个问题或追求倾听的乐趣，你只是觉得可以倾听。

4. 时间和地点都合适。例如，不要在只有五分钟空闲时间的情况下去倾听一个严重的问题。

不适合积极倾听的时机：

1. 以上任何条件都不成立，尤其是第一个条件不成立时，不要积极倾听；如果你总是积极倾听，会令人厌烦，而且耗费时间。更重要的是，这会让对方觉得你不够真诚，在对他们使用某种技巧。

2. 对方确实需要你提供事实、信息或其他形式的帮助；当有人问你洗手间在哪里时，不要回答他说"听起来你憋得很辛苦"！同样地，当买家询问有关产品、价格、公司等相关信息时，就直接给他们所需的信息，帮助他们做出购买的决策。

养成习惯

掌握积极倾听技巧意味着放下自己的预设，从对方的角度看问题。卡尔·罗杰斯（Carl Rogers）在《论人的成长》（*A Way of Being*）一书中定义了积极倾听者的"存在方式"：

共情这种与他人相处的方式涉及几个方面。共情意味着进入对方的私人感知世界，并与之和谐共处。这需要时刻保持敏感，跟随对方内心感受的变化，敏锐地感知对方正在经历的任何情感。这意味着跟随对方运转，但又不带任何评判；感知对方没有意识到的意义，同时避免完全揭示他无意识的感受，以免让对方感到威胁。共情他人还包括用新奇的眼光看待对方害怕的东西，并表达你所感知到的他的世界。这意味着要经常和对方核实你感知的准确性，接收对方的回应，并跟随这些信息的指引。

这个层次上倾听的最大障碍，是你自己的信念和滤镜。解释积极倾听交流过程的图表中，有两个方框分别标记为**编码**和**解码**。它们形象地代表了我们的过滤系统，也就是我们的范式。倾听他人时，我们的过滤系统会扭曲原始信息。

促使销售范式转变一事如此重要，原因正在于此。生活在对抗的传统模式中，追求控制和主导对话，你满脑子盘算的就是完成销售的战略和战术。只有当你意识到最重要的目标是了解买家，以及他对世界的独特感知时，你才能真正学会倾听。只有这时你才知道，你的产品和服务如何才能符合买家的需求。

积极倾听提供了被倾听、理解的机会。在遇到下面这种情况时，我们大多数人都会产生防御心理。但在这个案例中，我们看到了销售是如何真正地倾听和理解买家的。

买方：吉姆，谢谢你过来。但我得说，我对你和你的客户支持人员简直失望透顶。我都快疯了，每个人都对我大吼大叫，说你家系统有毛病。

卖方：鲍勃，很抱歉让你经历这一切。听起来安装出了问题，给你和你的同事带来了麻烦。

买方：可不是吗，而且从你们的技术支持人员那里得不到任何答复。我们这项业务他们似乎不怎么上心。

卖方：所以你觉得他们不怎么在意你们的需求。鲍勃，能告诉我一些具体情况吗？

买方：他们对我们的需求不够敏感。昨天我们这里涌入大量新订单，但是还没等系统完全录入这些订单，就收到订单修改要求了。这样的数据操作简直是一场噩梦。我们的人确信是系统出了问题，因为运行很缓慢。山姆打电话叫你们的人来检查，他们却搪塞说今天才能派人过来。山姆不高兴，跑到我老板面前告状，你可以想象他对我说了什么。他一直对这个系统持怀疑态度，但凡发生类似昨天这样的情况，他就会表达他的反对意见。

卖方：难怪你会这么揪心。你主张买这个新系统是承担一定风险的，一旦出现问题，你会觉得你在公司的信誉岌岌可危。

买方：是的，吉姆，你打算怎么做才能让你的客户支持人员做他们该做的事呢？

卖方：好的，你希望我们对此做出答复，那么我来说下我们认为需要关注的问题。首先，我听说可能需要进行更多订单输入方面的培训。问题产生是因为，山姆的团队集中输入的订单超出了正常的体量，而他们以为系统运行正常，所以持续了一阵，我们应该看看是怎么回事。其次，我听到你们对我们的反应时间表示担忧。我认为应该让山姆和我们的人聚在一起，明确双方的需求，制定彼此都能接受的指导原则。最后，你老板的顾虑。我们显然没有得到他的认可和支持。我也想解决他的问题，让他支持我们，这会为你省去很多压力。这么着手解决这件事，你觉得可以吗？

买方：没问题。我们现在就开始吧。

在这种情况下，任何防御性反应都会阻碍进一步沟通，让吉姆和鲍勃无法触及核心问题。想象一下，如果吉姆用任何一种典型的销售话术来回应鲍勃最初的投诉，这次对话将会有多大的不同：

买方：吉姆，谢谢你过来。但我得说，我对你和你的客户支持人员简直失望透顶。我这儿都快疯了，每个人都对我大吼大叫，说你家系统有毛病。

卖方：哦，鲍勃，我一点也不惊讶。我告诉过你，你们的人需要更多培训。

或者：

买方：吉姆，谢谢你过来。但我得说，我对你和你的客户支持人员简直失望透顶。我都快疯了，每个人都对我大吼大叫，说你家系统有毛病。

卖方：别担心，鲍勃。告诉我发生了什么事，我会马上处理的。

或者：

买方：吉姆，谢谢你过来。但我得说，我对你和你的客户支持人员简直失望透顶。我这儿都快疯了，每个人都对我大吼大叫，说你家系统有毛病。

卖方：听着，鲍勃。这件事我真的很抱歉。你是我今天收到的第三个投诉。真搞不懂我们的人怎么了。

原始场景中，销售人员的回应都是利用积极倾听来确保鲍勃知道——他的意见已经被理解了。在最后一次回复中，吉姆甚至花了一点时间总结整个对话，确保他们保持一致的理解。然后他开始提供一些解决方案。

所以，吉姆不仅澄清了事实，还向鲍勃表明了自己的关心，并且他理解鲍勃真正的困扰。此外，他们能够开诚布公地谈论问题，包括鲍勃与他老板之间的隔阂。

通常情况下，一开始表达的问题往往并不是核心问题，听者必须暂时放下自己的评判，不急于提出解决方案。在上面这个示例中，对话从新系统的操作问题开始，然后转向缺少客户支持人员的响应，最后变成鲍勃对自己在老板面前可信度的担忧。这才是他的核心问题。只有在说话者觉得你站在他们这一边，能从他们的角度理解事情时，这种深层次的自我表露才会出现。只有到那时，双方才能合作解决问题。如果使用传统模式回应，这些都不会发生。

通过识别和定义倾听的三个层次，你能够更好地理解持续练习技能的重要性。倾听是新销售范式的必备技巧，掌握倾听技巧不仅能促进销售的成功，还能在生活中更有效地与他人建立关系，并且从中获得快乐和满足感。

第五章

如何倾听客户的困扰

我不在乎你知道多少，除非我知道你有多在乎。

——佚名

◇◇◇◇◇◇◇◇◇◇◇◇◇◇

在第一章中我们讲述了一家航空公司，失去了一个年度销售额400万美元的客户，因为高级管理层与对方重新谈判合同时采取了更强硬的态度。结果，该客户与这家航空公司的竞争对手公司签订了下一年的合同。约翰是这家航空公司的销售经理，一直以来都愿意倾听客户，后来也参加了协同销售课程，在培训中他精进了自己的技能，那一年他正好被调到这个客户所在的地区。

他与客户建立了联系，并倾听该公司关键人物的抱怨。在谈话中，客户投诉了约翰公司的许多事情，并且有些不是事实；但约翰只是倾听，没有反驳、责怪他们，也没有打电话向对方解释。由于持续的开放交流，约翰帮助客户纾解了情绪，消除了焦虑。他们觉得他真正理解了他们的想法。之后，他跟客户谈判达成了一项新协议，帮公司挽回了这段关系，当然还有400万美元的收入。

充分倾听对方为接下来如何回复奠定了基础，这不仅给你提供了了解他人的机会，也表明你愿意理解和接纳他们的观点。相反，当一个人觉得不被倾听和理解时，他会更执着于表达自己的观点，捍卫自己的立场。因此，他也不能或不愿意听你把话说完。

如果你不先倾听对方的需求和关心的问题，你说出的想法、解决方案，或者关于产品和服务的信息，也会被当作耳旁风。在销售中，"万事通"和"顾问"的区别在于分享知识的时机。买家不在乎你知道多少，除非他知道你有多在乎他。

在买卖双方关系中主要有三个场景，其中有效的倾听技巧必不可少：当买方说出未满足的需求和内心的担忧时，当买方说出对改变的抗拒时，当买方抱怨、投诉问题时。

倾听买家未满足的需求和内心的担忧

这一步是后续过程的基础。在传统销售模式中，销售人员会多方试探买家的需求。他通过提问收集信息，"武装"自己的推销演讲。换句话说，试探是为了找到所需信息，让推销有的放矢。这种情况下对买家的提问，难免会成为一种"探测器"，用来满足销售人员的需求，引导买家走向一个预定的结果——购买销售人员的产品或服务。如果买家在这个过程中觉得被引导、控制或操纵，就会逐渐关闭心门，或以其他方式抵制销售人员。

协同范式中，销售人员遵循买方决策的过程，首先鼓励买方表达，然后倾听并理解他的观点、需求以及担忧。这意味着销售人员倾听时，不带自己的目的或预设的结果。只有这样，销售人员才能在买卖关系中充当顾问的角色。

只有当销售人员真诚地倾听买家的意见，而不强加他的目的时，这个过程才会发生。而传统模式下，销售人员倾听是为了挖掘购买线索、寻找适当信息，或为他们的推销找到"弹药"，但这往往阻碍了销售的进展。

诚然，在买卖关系中，销售人员能提供专业知识和经验，但这些知识和经验，除非买方明确表达他们的需要，否则就是毫无价值的。只有在彻底了解买家的需求或困扰后，销售人员才能知道他的产品或服务是否是买家需要的。

除了提供专业知识、高质量的产品或服务，专业销售人员还能为买卖双方的合作伙伴关系带来其他好处。其中一个重要的好处就是：销售人员提供了一个不同的角度，来帮助买家做出更有效的决定。

买家会倾向于使用相同的解决方案，但仍然期望不同的结果。事实上，销售人员将会在关系中影响对方，让他用不同的方式看待问题，从而促进范式的转换。如果想在买家决策过程的第一步做到倾听，就要注意避免以下四个陷阱。

1. 通过引导问题控制整个谈话

这意味着提问时想要寻求特定的答案，或把买家引向特定的方向。传统销售培训强调约定的重要性，但如果买家觉得你控制了谈话，那就另当别论了。买家不一定非要同意你的观点，他想要的是你理解他。

如果买家听出背后的引导意味，感觉被操纵，可能会失望。然而，这种情况在销售会谈中屡见不鲜，因为销售人员觉得有必要控制谈话的流程。

2. 问买家"为什么"反而迫使他们捍卫自己的立场

很多时候，要求对方解释自己的立场或信仰，反而会让他们固执己见。于是，他们会变得闭目塞听，不愿意考虑其他选择。例如，买家说："嗯，实际上我更喜欢找小一点的代理公司。"

注意卖家的回复 1 和回复 2 之间的区别。

回复 1："为什么你觉得小一点的代理更好呢？"

回复 2："所以在你看来，小一点的代理是更好的。"

第一种回复，买卖双方是隔着谈判桌彼此对立的，这时买方得捍卫自己的立场；而第二种回复，卖方已经走到买方身边，以便更好地理解买方的想法。回复 1 似乎在指责买家的陈述是错误的，要求买家对此做出合理解释；而回复 2 传达的是接纳和理解，鼓励对方就这个话题继续交流。而买家的下一句回应，针对回复 1 可能会是，"因为我得到了更好的服务"；针对回复 2 可能是，"是的，看起来我得到了更好的服务"。即便得到的是同样的信息，但是对双方关系还是产生了微妙而重大的影响。

然而，在大多数情况下，第二种回应（积极倾听的一个例子）会鼓励买家继续交流。例如，买家可能会回答："是的，看起来我得到了更好的服务。例如，我打电话给代理公司时，有 3 名女性能听出我的声音。"这样，我们就又发现了一个服务中买家看重的方面。

第二个例子。买家说："我只是觉得你们离我太远了。我需要一个附近的机构。"

回复 1："为什么您会认为我们离得太远呢，况且我们已经开始提供送票服务了呀？"

回复 2："所以我们办公室离您较远，这给您带来了麻烦。"

再次强调，注意这两种回答的差异，记住销售人员在第一步的目标是理解买方的观点。

3. 判断和评估买家说的话

这样做意味着销售人员创造了一个辩论的环境，而非合作的环境。一旦销售人员开始表达同意或不同意，那么在销售人员发言的时候买方也会以彼之道还施彼身。

沿用上面第一个例子，买家说："嗯，实际上我更喜欢找小一点的代理公司。"

销售人员如果带着评判，回答可能是："但是一个小机构做不到像我们这样为您提供始终如一的服务水平。"这个回应表达的是："你这么想就大错特错了。"这无疑加强了买卖双方的敌对关系。

在第二个例子中，买家说，"我只是觉得你们离我太远了。我需要一个附近的机构。"如果销售人员带着评判回复，可能会是这样的："不是吧，也没有那么远。"或者"这真的不是什么问题，因为我们可以送票上门呀。"

同样，这些回应只能让买卖双方继续博弈争夺比赛胜利。接收买家的信息并表示理解，这样的意愿在上面的回应中是看不到的。

4. 一旦听到"购买信号"就切换到销售模式

当销售人员听到买家陈述的需求是他们能满足的时候，大多数人会自然而然地开始销售。但是这么做会阻碍沟通的继续，买家不愿再分享他们的需求，销售人员也会无从销售。

在购买流程第一步倾听买家，能鼓励他们向你敞开心扉。你们正在为一段伙伴关系打下坚实的基础，承托这段关系的是开放、坦诚的沟通，而非控制与操纵，所以第一步可以先倾听买家的需求。

下面是销售会谈过程的部分实录，此时处于购买流程第一步——**明确定义未满足的需求和内心的担忧**。这个记录包含了第四章提到的倾听技巧。要特别注意两件事：

1. 所问问题的类型。注意其中起协调作用的角色，如何提出开放式问题而不是打探消息，特别是如何提问能鼓励买家深入探索问题。

2. 积极倾听并回应。销售人员也要让买家知道他们已经理解了对方所说的（可以回顾第四章中关于积极倾听的内容）。

下面的例子发生在买方的办公室，他是该公司新任的市场营销副总裁，而这名销售人员来自一家销售培训公司。以下是进行中的对话：

卖方（1）：根据您6个月以来对公司的观察，您第一年的目标是希望员工在市场上更积极主动，更擅长成交业务。

买方：没错。我们最近的调查也证实了这一点。我们邀请所有客户，包括以前的，来评估我们的销售人员，他们回复说，我们的人需要在销售方法上更加专业。总体情况是，我们的销售人员给人的印象是只会接单，我们的买家认为他们的工作效率不高。

卖方（2）：所以客户也希望从你的人身上看到不同的东西。

买方：是的，我猜他们是想让销售人员更多地参与到整个销售过程中去。我们的业务很复杂，客户想要的不只是接订单的人，也是一个懂行的人。

卖方（3）：听起来你很清楚这一点，但公司现在并没做到。

买方：你说对了。这项调查只是再次验证了我入职以来的观察。但我不确定是否必须通过培训来解决这个问题。

卖方（4）：培训可以如何帮到您，对此您还心存顾虑。

买方：嗯，这只是一部分原因。我刚离职的那家公司，花了一大笔钱进行销售培训，我都不确定能看到什么效果。不过我更想说的是，公司销售整体气氛是冷漠的，我认为培训不能解决任何问题。那种模式他们已经操作很多年了，难以改变……我之前从来没说过这些话。

卖方（5）：那我们现在重点聊一下公司文化问题，因为这似乎对您有更深层次的影响。您认为，公司文化有哪些需要改进的关键点？

买方：嗯，我注意到有两方面。第一，由于业务的复杂性，我们的运营和制造人员多年来制定了很多规章制度，这给我们的客户和销售人员出了难题。所以我觉得公司其他部门不太能做到以客户为中心。第二，公司管理层并没有真正讨论过这些深层问题。乔治是我们的总裁，他的方式很直接，令人心惊胆战。每个人表面上看起来相安无事，但私底下暗潮涌动。

卖方（6）：这种情况改变的可能性有多大？

买方：不大。这似乎是根深蒂固的，谁也不想率先站出来说话。然而……（沉默）

卖方（7）：看得出您在犹豫。

买方：是的，我只是在想，这可能正是他们招我到公司的原因。乔治在面试我的时候也提到过这点。如果是这样的话，我最好趁还没向现状妥协时，重新审视一下这些事，还能用不同的眼光看问题。所以，就这么定了。我们把重点放在销售培训上，同时我也会关注公司文化改变的问题。也许我们可以做些一举两得的事情。

卖方（8）：好的，太棒了。不过，我想先了解一下您在之前工作培训中遇到的问题。听起来您对结果非常失望。

遇到上面这种场景，大多数销售人员往往只会集中关注销售培训问题，他们会追问一系列问题，以了解对方有多少销售人员，曾经接受过什么培训，等等。这些对销售人员后面的推进是很重要的，但是，他也错过了发现买家潜在问题的机会，而这些问题可以帮助销售人员从买家的角度看待整体情况。只有放弃原有的计划，倾听买家而不是引导对方，才有看见机会的可能。

让我们来回顾上述例子中销售人员的每个回应，看看他是如何处理这种情况的。在回应（1）和（2）中，销售人员通过反馈他听到的信息来总结对话。回应（3）和（4）是积极倾听的例子。回应（5）和（6）是开放式问题。请注意，这些问题都很中正，不偏不倚，没有诱导性发问，或将对方引到预定的方向。在回应（7）中，卖方倾听了对方上一句话尾的沉默，而回应（8）又是另一个积极倾听的例子。

由此可见，当销售人员认真倾听买家时，对话是多么顺畅。

倾听买家对改变的抗拒

倾听技巧的另一个应用是回应客户对改变的抗拒。在传统模式中，这被称为"排除异议"。换句话说，在你筹划完成交易的过程中，买家给你设置了一个需要克服的障碍。这就好比你的对手在棋桌上出其不意走了一步棋，而你必须想出一种策略来制服他，但是这种对抗的方法不会让你得到任何好处。

销售过程通常意味着要有所改变，而买家通常会对旧的事实表达忠诚，对新的事实表达恐惧和怀疑。因此，销售人员会认为买家是在表达反对意见，于是他们就会继续去证明买家是错的。而买家不得不捍卫自己的想法，在很多情况下，反而更加坚定自己的信念。销售人员越是强推，买方就越是抗拒。

托马斯·戈登博士写过一篇文章提到这个问题，文章发布在《指南与方法》（*Guideposts and Methods*）这本杂志上，由全美销售管理公司出品。他在文中写道：

近年来，心理学作为一门科学有了相当的突破。我由衷相信，这种突破带来的某些正在发生的事情，对销售领域具有重要的现实意义，预示了该领域的前景。

就像其他科学突破一样，心理学的突破并非源于单一的发现，而是来自许多不同的、互不关联的研究结果。这些发现促成了观察人类行为的新方法，特别是人类行为是如何改变的，或者人们是如何被影响而改变的。

我认为销售过程本身就是一个变化的过程——在这个过程中，如果潜在顾客想要购买销售人员提供的产品或服务，他们就必须改变一些观念。

他还在文中提供了心理学研究中关于改变的发现，这些特殊的研究是为了调查心理咨询师如何促进客户态度和行为的改变。由于心理咨询本质上是两个人面对面的交流，因而这些研究侧重于分析咨询师和来访者的语言沟通过程。

这些研究中最有趣的发现，也是最有可能应用于销售过程的一项，是关于咨询师的沟通方式及其对客户的影响。调查发现，部分咨询师在以下几个方面表现得比较突出：

1. 少说多听。

2. 很少或不提建议。

3. 避免评判客户个人及其想法。

4. 不用说服、论证、辩解、推销等方法。

5. 让客户主导谈话的主题。

6. 把责任留给客户，尊重客户的决定，避免影响对方的决策。

令人惊讶的是，这些咨询师的客户对这种"非指导性"方法的反应如下：

1. 他们几乎没有表现出抵抗或防御——因为没有什么可以反对或争辩的东西。

2. 他们说得更多，表达的情感更强烈，能更快地联结情感。

3. 当知道咨询师不会强迫自己做任何事情后，他们会感到安全、不受操纵，可以为自己负责。

4. 当感受到咨询师真正理解自己的观点，他们可以更自在地分享他没和别人说过的东西。

5. 他们开始改变自己的感受、态度和行为——这是自我主导的表现，源于自由的选择——他们在主动改变，而不是迫于别人的影响或压力。

如果销售人员能倾听买方，为买方提供一个安全空间，就能让他们在其中处理与决定有关的问题，面对决定带来的改变。推进改变过程意味着，为买家提供机会，让他们可以公开表达自己对旧态度和行为的忠诚，以及对新态度和行为的恐惧和怀疑。这就是勒温所说的"解冻当前的信仰体系"。

销售人员可以有效地促进这个转变过程，如果他们记住以下几点：

1.积极倾听，理解并接纳买方对变化过程的感受。你可能认为自己已经理解了对方，但是对方并不确定，除非你通过重复对方的话来表明理解。

2.避免"搞定问题"的心态。在许多情况下，买家只是表达他们的担忧，表达本身可以帮助他们解决问题。如果还不够，销售人员可能需要提供额外信息，来帮助买方自行解决问题。销售人员的角色不是消除买方对改变的抗拒，而是提供价值去激发对方改变的动力。如果销售人员记住这点，他就能更有效地促进买方的改变过程。

3.买方最初表示的担忧可能不是核心问题。大多数销售人员没耐心去发掘买方担心改变的根本所在。一个有效的倾听者能营造一种让人们畅所欲言的氛围，然后在这个过程中逐步发现更多的问题。一旦问题确定，买卖双方就可以共同努力去解决这些问题。

下面这个例子说明了以上三点的价值。在第一种情况中，销售人员以一种非常传统的方式回应买方对改变的抗拒：

买方：吉姆，我们挺喜欢当前的培训计划，只占用销售人员一天的工作时间，经理们也很开心。

卖方：好的，南希，我明白你的意思了。但是我们的调查显示，销售人员需要在课堂上接受至少三天的培训，来学习和使用这些技能。无论如何，如果员工能接受更好的培训，然后完成更多的销售业绩，经理们肯定会高兴。对吧？至于你具体是怎么做到的，他们应该不太关心。

买方：吉姆，即便我同意你的看法，目前也没办法改变计划。我不确定老板是否愿意对我们提供的课程做任何改变。

卖方：那么，你看这样好不好？我们以优惠价安排一个特别的试点项目，让参与者比较这两个形式的课程。这可以为我们提供一些一手反馈，帮助你在公司内部推销课程。

买方：不，我不能那样做。我们现在没有任何预算来做试点项目。

卖方：那么安排一个上午做一次推介会如何？你来召集合适的人，我给他们大概介绍下课程。

买方：吉姆，现在确实安排不了。我们手头有许多事情，忙得不可开交。但无论如何谢谢你。我会记住这个提议的，以后再说。

如你所见，吉姆反驳了南希担心的每一个问题，而南希则以反抗来回击。

卖家没有表示理解和接纳，注意吉姆的第一句回应。在培训课程中，我们会听到学员说"我听到你说的了，但是……"或者"我理解你的顾虑，但是……"，他们以为这么表达就已经表现出理解了，但是事实并非如此。首先，简单地说"明白了"，不如通过重述你对信息的理解来证明你明白了，后者更有力量。其次，前半句的"我理解"或"我听到"，因为紧跟"但是"二字而大打折扣。而"但是"是在表达：下面我要说的信息将证明你是错的。

下面我们用有效的倾听技巧来重演之前的场景，记住我们回顾的那些要点：

买方：吉姆，我们挺喜欢当前的培训计划，只占用销售人员一天的工作时间，经理们也很开心。

卖方：所以您对目前的培训计划还是满意的。

买方：不，我个人还不是很满意，但我的客户们，那些一线销售人员和经理都很满意。就我个人来看，我不认为这个项目产生了它本该有的影响。

卖方：嗯，那您觉得还缺什么？

买方：有两件事是肯定的。首先，销售人员需要掌握的技能，只培训一天是不够的。其次，他们回到工作岗位后可能不再用这些技能了。所以一天的培训真的改变不了太多。

卖方：听起来现实情况跟您的期待还是有差异啊。

买方：是啊，我不知道该怎么办。我的意思是，在他们看来，一切都很顺利。只是我看到了更多的可能性。大家手头上都有事情，忙得不可开交，我不确定他们是否会考虑任何改变。

卖方：嗯，要不要改变培训计划，这件事让您挺发愁的。

买方：是的，我想是的，最近我一直在琢磨这个问题。

卖方：关于改变培训计划？

买方：是的，我发现自己一直在犹豫，是否要推动一些我认为我们需要做的改变，改变那些对我来说无效的东西。跟你聊完，我觉得是时候提出一些建议了。我会再考虑一下。下星期给我打电话，我们再约着看一下，到时我想和你谈谈，看你的培训项目要如何匹配。

在第二种情况中，销售人员的倾听让对话流向了一个完全不同的方向。沟通应该关注买家正在经历的问题，卖家表现出自己对买家的理解后，开始跟对方建立合作关系。买家最初对改变有所抵制，卖家帮助他经历了这个过程，而不是试图解决或"搞定"对方的担忧。此外，还要注意卖方的倾听提供的氛围，能使买方通过销售培训问题的表象，看到一些核心的问题并着手应对。

倾听买家的抱怨

毋庸置疑，销售人员更喜欢开心的顾客，与积极、热情的人一起工作不仅会更愉快、享受，也有助于销售成交。如果顾客心烦意乱，那么他们就无法把注意力集中在你的产品或服务上。因此，出于伙伴关系，销售人员可以尝试协助对方，成为他的顾问，或者用其他形式来帮他缓解情绪。除非客户解决了自己的困扰，否则销售不会有太大进展。

买家可能通过语调、表情或身体姿势表明他此刻正心烦意乱；或者想方设法回避你，退出生意往来。销售人员需要关注这些问题的信号，尤其是当顾客对销售人员或其产品及服务表现出不满的时候，随时准备好倾听就变得格外重要。如果错过或忽视早期预警信号，一旦客户公开表达不满，可能就为时已晚。

不幸的是，很多人不擅长倾听，他们带着善意和关怀，但协助方法是徒劳的。对于那些陷入麻烦的人来说，他们的话像是一道障碍，阻碍了交流。

下面描述了障碍的八种主要类型。基于这八种障碍，还衍生出了其他类型。所有的对话都基于以下场景：一个销售人员初次拜访一个客户，这个客户之前曾接受过该销售人员的前任同事的服务。但是，客户先前的销售体验非常糟糕：延迟交付、错过预约、订单混乱，等等。客户满腹牢骚，抱怨起前任销售人员、公司及其产品，喋喋不休。

障碍类型 1：否认、最小化、分散注意力

"哦，事情没您说的那么糟。"

"我想肯定是哪里出了点小误会。"

"好吧，那些都过去了。咱们好好开始。"

所有这些反应本意是为了提供帮助，但实际上是在逃避问题。销售人员不想让客户不高兴，所以他试图掩盖事实。这可能会导致客户感觉对方根本没听进去自己说的话，他接下来的反应很有可能是恼怒、沮丧，不愿意分享更多当前的问题。

障碍类型 2：加油、安慰、鼓励

"我敢肯定这样的事不会再发生了。"

"好吧，看看积极的一面。至少我们现在知道了要从什么问题入手。"

"别再担心了。这种事我保证没下回了。"

想让某人振作起来，大家通常会给他加油鼓劲，但往往事与愿违。心烦意乱的人想要的是有人能听他们一吐为快，他们也需要纾解情绪。这类障碍倾向于贬低对方的感受，并暗示对方要搁置并遗忘它们。处在困扰中的客户遇到这类障碍会心生反感，觉得对方在敷衍自己。

障碍类型 3：同仇敌忾、同病相怜、演说煽情

"天呐，那太糟糕了。"

"这种事我也遇到过。那是两年前了……"

"你不应该这样忍气吞声。我们公司早就该把这件事理顺了。"

如果是真诚而温暖地表示同情，比如说"听到这个我很遗憾"，那么几乎没有人会排斥这样的话。但是当作为倾听者的销售人员抢了对方的风头，开始讲述自己"如何如何"的故事，来证明他们知道问题所在时，对方就会感觉受到了冷落，陷入困扰的人没有机会继续表达自己，反而不得不倾听。

表达同情，无论是不够真诚还是过分夸张，都可能会带来另一个问题，即心烦意乱的人往往会因此感到自卑或自责。而且随之而来的可能是恼怒和愤慨："我不需要你假惺惺。"

障碍类型 4：建议、教导、指挥

"现在，针对这件事我要做的是……"

"你应该给区域办事处的南希·史密斯打电话。"

"如果您再遇到交付的问题，请拨打这个电话。"

提供建议可能是流行的"帮助"形式，也是被滥用的。尽管许多人确实需要建议，并主动寻求建议，但也有许多人不需要建议，尤其是在不请自来的情况下。建议往往带着评判和责备，这会让原本就心烦的人更加沮丧。最后，给出明确指示会让对方觉得自己没有能力独立处理事情，这可能会疏远彼此的关系。

障碍类型 5：接管问题、补救补偿、自我牺牲

"我帮你打个电话，看能不能申请些折扣，弥补你以前的遭遇。"

"我们本应该更好地控制局面。怎样才能补偿你呢？"

"那些问题交给我来处理。你不用操心了。"

人们并非如通常所想的那样想要被拯救，面对那些不请自来的行善者，他们会感到无助、尴尬甚至怨恨。销售人员常常想要紧抓客户的问题，担心这些问题得不到解决会影响销售。这不仅会引起客户不满，还会给销售人员带来经济损失——因为他们主动提出要处理这个问题，或者进行本不必要的赔偿。

销售人员的工作不是承担问题，而是在可能的情况下提供解决方法。

障碍类型 6：分析、探究、侦察

"你可能会遇到这种情况，因为……"

"什么时候，为什么，在哪里，是谁，做了什么？"

"你抱怨之后呢，发生了什么？"

很多时候，分析或提问给人的感觉是审问、侵犯隐私，或者是含蓄的批评，尤其是问"为什么"。这组障碍与第 5 组相似，它们都传

达了一种态度，即客户真的无法处理这个问题，应该把它交给销售人员处理。

障碍类型 7：批评、说教、警告

"你大概就是一开始太宽容了，才会弄成现在这样子。"

"如今这世道，你谁也指望不上。"

"听着，如果将来你我之间也发生了类似的问题，你必须当面告诉我。"

在很多情况下，这样回应的人实际上内心是在批评对面这个心烦意乱的人，因此他会将指责反馈给对方，从而丧失了解决问题的机会。这类障碍生动地表明，你的评判已经妨碍了你的倾听。

障碍类型 8：争论、辩护、反驳

"伙计，这跟我在公司听到的版本可不一样。"

"好吧，档案里有记录表明，他曾试图和你的人解决问题。"

"嘿，别拿我撒气，这不是我的错。"

最后一组障碍回应通常发生在买方对眼前的销售人员感到不满的时候。客户可能在销售人员面前气得直跳脚，但是销售人员非但没能同理，反而感到烦躁、愤怒。他不再倾听或尝试帮助，开始防御和反击，因为他被搅得心烦意乱。结果呢？双方都满心怨怼，没有人再倾听。

这些沟通障碍代表了销售人员对客户问题的想法、观点，以及如何解决问题的意见或建议。销售人员并未让客户知道他们理解对方的需求。让买家知道你已经理解他，唯一的方法是积极倾听。

客户投诉

客户放弃与一家机构合作的主要原因之一，不是产品或服务的质量问题，而是对投诉处理不善。对于投诉的客户，你需要记住以下三点：

1. 第一次从客户那里听到的故事，基本会被严重夸大。

2. 在客户心里，有缺陷的产品或服务不是最重要的问题。他真正想要的是让大家听到他的抱怨。

3. 客户可能错误地预期了销售的话——他们认为你要抗辩、争论等——因此他们心存戒备。而你说的任何话，都可能会被他们以否定回复。

客户在投诉时经常保持戒备，或者心烦意乱，这是有原因的。也许客户这一天过得很糟糕，遇到了其他麻烦；也许这和你的产品或服务没关系，但当你们公司出现小问题时，客户借机把愤怒发泄在你身上；也许他曾经遇到过你们公司发生的同样或类似的问题，他觉得你们没有听取他的意见。他会发脾气，只是为了确保这次能跟你们说明白自己的观点。

谨记这一点：愤怒的客户要求你调查一个问题，这其实是好事。初听这句话可能会觉得荒谬，但请仔细琢磨一下。

首先，客户向你表达他的愤怒或失望，这一事实本身就表明他相信你能对此采取措施。否则，他从一开始就不会向你抱怨。尽管他说的话听起来很负面，但他的心态实际上是积极并充满希望的。

其次，如果客户对你没有信心，内心翻江倒海但表面上却保持沉默，那么很有可能和你慢慢疏远，直到把业务转到你的竞争对手那里。研究还表明，停止合作后客户还会在至少20个人面前说你们公司的坏话。

因此，听到客户投诉公司产品或服务时，你的脑袋里应该立马闪个小红灯，提醒自己："停""看""听"。

停——停下你正在做的事。

看——仔细观察对面的客户。

听——积极倾听以表明你理解了客户所说的话。

这将鼓励客户倾诉他们的感受，让内在情绪得以纾解。重要的是，有时积极倾听可以帮助对方深入话题，直到揭示根本问题，而后者往往是让客户沮丧的真正原因。心理学家发现，当人们表达出最强烈的情感或最在意的观点，并且感到对方理解自己的时候，他们就会觉得没必要重复表达。而你一旦理解了客户的立场，就能更好地帮助他找到合适的解决方案。

让我们看看为客户提供问题解决方案的三种可能场景。

场景 1：客户抒发了自己的感受，而且觉得对方理解了自己，于是他提出了一个解决方案：

"嗯，我现在感觉好多了。"

"很高兴有人理解我抱怨的这些。"

"我们翻篇吧，每个人都会犯错。我们要做的就是确保它不会再发生。"

"给我一批新货，我会把有问题的产品退回去，这样就解决了。"

如果客户的解决方案对你和公司都是可接受的，你要做的就是同意并确保解决方案得到实施。

场景 2：客户没有提出解决方案而是要求你想办法。如果公司有适用的政策，你就提供该解决方案并希望客户同意。

场景 3：你不能接受客户的解决方案，而客户也不同意你的解决方案。此时冲突产生了。这时需要一种特殊的双赢或"没有输家"的冲突解决方法，我们将在第九章详细介绍。

这三种场景的关键都是有效的倾听。倾听让你的客户，或者说是你的合作伙伴，知道你在乎他面临的问题，而且你希望找到双方都满意的解决方案。

其他问题

有时买家也会因为其他事情感到烦恼，这可能会影响你们之间的业务往来。如果客户透露出此类迹象，你需要给自己提个醒，停下手头的事情，让客户好好纾解情绪，甚至帮助他解决问题。这些问题可能是客户的私事，比如家人生病了，儿子将要离家去参军，好友离婚，等等；当然也可能是职场中的问题，比如同事遭遇车祸，老板心脏病发作，市场突然低迷，或者政府出台的一些新规定会影响他的工作。总之，任何出现的问题都可能困扰他，使他无法专注谈话。

销售人员经常质疑，鼓励买家谈论他们的私人问题是否明智。他们担心这可能要花费很多时间，况且这本是商务会谈。但是让我们看下面的对话，这个销售人员的沟通最终结果如何：

卖方：嗨，吉姆，今天过得如何？

买方：哎，别提了！公司刚刚又一次宣布裁员，我们在旧金山的年中管理会议也取消了。谁知道接下来会发生什么？

卖方：是啊，现在整个形势都很艰难，所以必须有所改变，否则我们都得沦落街头。顺便说一句，我想给你看一些东西，你不是正在用新系统嘛，这个可以帮你在这方面省些钱。

买家正心烦意乱、无所适从呢，而卖家却一门心思想要推销。这种互动在关系中是极不协调的。我分享下自己的亲身经历，来说明倾听买家问题的重要性，即使这些问题与你或你的公司没有直接关系。

多年前，当我（卡尔·泽斯）还在酒店行业工作时，有一次我去纽约拜访一家全民保险公司的会议经理。这位先生每年要在酒店预定数百次会议，这意味着他可能会给我的公司带来大量业务。他的日程安排紧张，而我想跟他沟通一些事。

我们的会议刚开始，他就被总裁的电话打断了。总裁对上星期会议上发生的一些事感到非常不悦。我指了指门口，意思是问他我是否需要离开，但他摇了摇头，表示没有必要。于是我就安静地坐在那里，将近 20 分钟，听着他被电话那头训斥。我暗暗心想，我们的这次会谈估计就到此为止了。

经理挂了电话，盯着窗外看了一会儿，摇了摇头。然后他转过身来对我说："对不起，打断你了。我们刚才说到哪儿了？"

我下意识觉得，除非他完全消化了那通电话带来的不好感受，否则他是听不进我说的话的。所以我决定积极倾听他传递出来的非语言信息。我说："看起来那是一个很不愉快的电话。"

他回答说："确实是。上星期我在纽约一家大酒店为总裁和几位重量级客户预定了一个会议，但一切都搞砸了！你知道他们都干了些什么！"接着他向我倾诉了他对这家酒店和销售人员的不满。在接下来的 30 分钟里，这位经理倾诉了他多年来积累的对酒店的失望。

对我来说，这是一次很好的学习经历。我开始明白会议经理看待关系的角度，知道我们没有履行承诺对他们来说意味着什么。在整个酒店职业生涯中，我一直秉承着让顾客满意的承诺，而那次谈话帮助我巩固了这个信念。后来，那个会议经理还在我们酒店预定了很多业务。尽管我还没有机会向他介绍我们的产品和服务，但在我们的谈话之后，**他知道我已经明白，怎样才能满足他的需求**。而仅此一条就足够了！

　　如果客户遇到困扰，试着倾听他，真的就这么简单。除非买方解决了他的问题，否则销售谈话不会有任何效果。如果他心事重重，那么你提出任何建议，他都听不进去。重要的是，你要持续倾听买家，以下四个条件至少有一项满足时，才能停止：

　　1.他倾诉完自己的感受，告诉你可以继续讨论了；或者他深深地叹了一口气，或做了类似的动作，以非语言的方式告诉你可以继续谈工作了。

　　2.他真正解决了自己的问题，消除了负面情绪，并准备好继续你们的销售谈话，这种事偶尔会发生。

　　3.你清楚买家非常生气，以至于无法继续会议；此时需要重新安排日程。

　　4.你发现自己的需求没有得到满足——你没有时间阐述，或者对谈论的主题产生困扰。比如：接下来的时间你有别的安排，或者你不爱听对方说离婚那些乱七八糟的事情。那么此时要记住，你的需求必须被满足，你可以表达自己的想法。

当销售人员听到客户的烦恼时，对话可能会朝两个方向进行，下面的例子记录了这两个不同的过程。第一种情况是倾听抱怨。在这个例子中，餐厅经理克里斯给他的制服供应商客户主管南希打电话。克里斯正因为订单延误而心烦意乱。

卖方：早上好，我是南希·摩尔。

买方：南希，我是克里斯·沃克，我遇到一个问题。我们刚收到制服订单，但全是错的。你们这点事儿都做不好吗？

卖方：克里斯，很抱歉给你添麻烦了。听起来我们真的让你很失望。发生了什么事？

买方：可不是嘛！我们查了出货通知，一半以上的订单上都标着"无货，延期"。可我们下星期就要重新开业了，我需要那些制服。

卖方：你非常担心剩余的订单能否按时交付。

买方：当然！南希，决定要采用定制设计的时候我就知道我们的工期很紧。但四个星期前核对时你答应过我没问题的。我不明白怎么还会出现订单延期。

卖方：坦白说，克里斯，我也不知道。肯定是哪里出了问题。我去查一下。

买方：南希，查一下还不够，你要把问题解决了，在我们老板发现之前。不然他对我可没好脸色。

卖方：嗯，听起来如果不搞定会惹出一连串麻烦，你可不想多生事端。

买方：你说得对。听着，我之前没告诉你，我的老板一开始并不同意用你们家。好像几年前你们把他惹急过，他到现在还没忘记。我费尽心思才把你们拉进这个单子，他同意的唯一原因是你们的设计确实是最好的。但是如果你们搞砸了，估计他会一直唠叨，甚至不再支持我想做的其他改变。所以赶紧把这个问题搞定。

卖方：克里斯，谢谢你愿意为我们承担风险，我明白你担心自己在弗兰克那里的信誉。我会调查清楚，然后回复你。

15 分钟后，南希打电话过来，并带来了好消息：

卖方：克里斯，我是南希。昨天已经发出剩余的订单，明天你就能收到。工厂方面考虑到你的日程安排，决定先尽快发给你一半。发货人员并不了解情况，误以为剩下的都是延期订单。很抱歉让你吓了一大跳。

买方：这是个好消息。谢谢你帮忙调查。

卖方：没问题，克里斯，明天我会过去帮你清点剩余订单的库存，然后发放给员工。等你们忙完开业的事情后，我想约下你和你的老板，看看能不能解决他和我们公司之间的问题。我想确保你们每个人都愿意跟我们合作——你、你的员工，还有你的老板。

虽然解决这个问题的方法很简单，但是倾听克里斯最初的抱怨却不是那么简单。南希必须真正理解客户的感受，而不是抵触。设想一下，如果卖方在一开始就清除障碍，这个沟通会有什么不同。

买方：南希，我是克里斯·沃克，我遇到一个问题。我们刚收到订制的制服，但全是错的。你们这点事儿都做不好吗？

卖方：哦，事情没您说的那么糟吧。告诉我发生了什么事？（障碍类型1）

或者：别担心，告诉我发生了什么事，我会处理的。（障碍类型2）

或者：天呐，这是怎么了，我自己都搞不明白了。你是我今天早上接到的第三家投诉了。（障碍类型3）

或者：出了什么问题吗？（障碍类型6）

或者：我跟你说过我们时间卡得太紧了。（障碍类型7）

倾听有助于分析客户最初的愤怒，在某些情况下，比如这个例子，潜在的问题浮出水面，得以解决。

现在让我们看看需要倾听买家私人问题的情况。我们将回顾之前提过的例子，买家因为公司管理会议取消而感到烦躁。

卖方：嗨，吉姆，今天过得如何？

买方：哎，别提了！公司刚刚宣布又一次裁员，我们在旧金山的年中管理会议也取消了。谁知道接下来会发生什么？

卖方：听起来形势是越来越紧张啦。

买方：是啊，不过我想也没那么糟。和别人相比，我们的业绩还算不错。但是老板们拿整体经济形势当借口，想要削减他们不想做的事情，不管别人愿意还是不愿意。

卖方：所以您对他们取消的事情还是抱怀疑的态度。

买方：确实是这样。我并不是说我们不应该控制开支，做出谨慎的决定，但这次会议可以肯定我们今年取得的成绩，并奖励那些辛勤工作的人，他们这一年都忙坏了。我认为取消这次会议会错失良机。

卖方：换句话说，您看到了会议的真正价值。

买方：当然。还有一点，大家把这次会议看作是一个机会，来扫除我们质量改进项目中的一些障碍。他们会认为取消会议意味着放弃推进新项目。你知道，那种想法就是——只要不花钱，质量怎么样都好说。

卖方：我完全明白您的意思。看起来好像是管理层的决策与他们之前的承诺不一样。

买方：是的，你说对了。我现在知道为什么我会这么生气了。

卖方：哦？

买方：是啊，我妻子一定会很失望的。她本来计划和我一起旅行，我开会的时候，她可以和我们的女儿在圣何塞待一段时间。然后星期五我们自驾去纳帕谷度过周末，星期一飞回家。天呐，要跟她解释这些可不容易。

卖方：您真的不想提这茬儿。

买方：对，没错。但今晚得说了。对不起，我唠叨了这么久。我们看你拿过来的那些数据吧。

通过为买家提供纾解情绪的机会，销售人员可以专注于当下的对话，处理手头的业务。更重要的是，销售人员表现出他关心买家，看重彼此的关系。事实证明，买家并不想深谈，只是想一吐积压的情绪。在这种情况下，销售人员花几分钟就能增进关系。

回到我们在本章开始时引用的那句话：

我不在乎你知道多少，除非我知道你有多在乎。

S.E.T. 沟通效能训练

第六章

自我表达的新层次

愿你不舍昼夜，忠于自己。

——威廉·莎士比亚

◇◇◇◇◇◇◇◇◇◇◇◇

　　如果我们相信别人能接纳自己的言行，那么在沟通中真实表达显然是容易的；如果我们需要冒着风险，去面对来自他人的异议、评判甚至批评时，真实表达就会变得困难。我们做出选择时，会不断权衡风险和回报。尽管如此，更加真实带来的好处是巨大的——无论是对你自己还是对你与他人的关系。

　　最明显的好处是，你会更喜欢自己。真实滋养出更多的自信和尊重。当你是真实的，别人也能更深刻地认识你。你跟客户打交道时，他们知道什么对你是最重要的；你在某些问题上的立场，他们也不会一无所知。而他们了解真正的你，明白你代表的立场，也就不需要面对不确定性。

　　这对建立伙伴关系非常重要。你的开诚布公总是会激励你的客户和周围的人，这有助于双方之间信任的发展，而在销售中，信任是成功的基本要素。当销售人员卸下伪装，真情流露，客户就会产生信任。摘掉销售人员的专业面具，展现出真实的自己。

　　有时候，真实性对人们来说是一个很难掌握的概念。每个人都可以说出几个相关的形容词，比如**实际的、自然的、实在的**，但新的协同模式销售涉及更深层次的问题。真实性还包括自主思考，允许自己摆脱训练带来的习惯性反应。记住，过往造就了你的个人范式，建立了你的信仰体系。这些范式决定了你的行为，它们塑造了你的想法，限制你说什么或者不说什么。

这些范式在生命早期就形成了。许多人还记得小时候被告知："保持安静，除非大人问你话""大人在场，小孩别插话"。当我们因为哭泣、怒吼、尖叫、打闹而受到批评时，我们得到的信息是：**任何形式的自我表达都是不被允许的。**

上学后，也几乎没人鼓励我们表达自我。我们通过作业或项目表达自己，但是别人会评判我们，给我们分等级。这个过程简直令人窒息！不管在哪里，很少有人鼓励我们真实表达自我。

职场里传达的信息也是一样的："不要兴风作浪搞事情""只管埋头苦干就对了"。最近参加课程的学员对我们说，他的老板跟他说："要么听我的，要么滚蛋！"许多销售人员也被教导过："顾客永远是对的。"所有这些，传达的信息是一样的：守规矩，按要求做事，别多问，避免感情外露，等等。

我们的自我表达一直被压抑，而本章将探讨一种全新的真实表达。在协同销售课程中，学员会完成一项练习，这项练习展示了传统范式的条条框框如何限制了他们真实的沟通，又是怎样影响了他们与他人的有效相处。这个练习要求学员识别：在为客户服务时，公司中有谁制造了障碍；接下来，学员需要记录下来，与这个人沟通时的对话；

最后，他们要在对话的空白处写下想法——心里真正想的，但是不会跟对方说的话。下面是练习中的一个典型例子。

＊＊＊

辨识问题：我对销售支持经理马克有意见，因为他没有及时向我反馈客户信息。

预想的对话如下：

1. **我：**马克，我都打过三次电话了，催你定制设计图，客户等着呢。你那边怎么回事？

2. **马克：**听着，汤姆，我收到你的留言了。很抱歉，我们这里实在太忙了。那个新营销计划一堆活儿，压力很大。

3. **我：**嗯，业务多是好事。但是我这边客户需要的设计修订版，你改好了吗？

4. **马克：**还没，下午 4 点钟给你。

5. **我：**真的可以吗？

6. **马克：**真的，只要能找到约翰逊。设计终稿需要他来审查批准。

7. **我：**马克，听着，没时间开玩笑了。去找约翰逊，今天把新设计给我。好吧？

8. **马克：**好的。

在空白处，学员写下了他心里想的但没有对马克说的话。

1. 他终于接电话了。也许是他这次忘了打开语音信箱了。

2. 他们这帮人总是忙得不可开交。我这辈子就没见过这么混乱的局面。问我自己公司的总部要点资料居然比从客户那里要还困难得多。

3. 我觉得他又敷衍我。

4. 什么叫"只要能找到约翰逊",说这话是什么意思？他的办公室不就在走廊那头！

5. 他怎么不明白！我在这里拼死拼活地招揽生意，而眼前就有一个客户，需要努力把他拉过来合作。我们应该考虑他的需求。这怎么会这么难？

完成练习后，学员需要回答以下这个问题："是什么阻止你说出那些写在空白处无法说出口的话呢？"于是，协同销售课程中一个最有趣的讨论环节开始了。学员们纷纷给出了自己的答案："这可能会惹恼对方""这可能会引发冲突""我得天天跟那个人一起工作""他们保不齐哪天就会报复我"。

因为担心对方生气，人们不敢在谈话中表达自己的真实想法。这种恐惧源于他们过去的范式限制，以及由此产生的与他人交往的模式。这个典型案例，说明输赢范式对我们生活影响很大。事实上，没有人明白我们怎样才能在满足自己需求的同时，确保对方不会在这个过程中承受损失。我们害怕坦诚相对会导致彼此冲突，这种恐惧也来自我们过去的经验——当人们陷入冲突时，有人赢也有人输。因此，我们更想尽量避免冲突，为此不惜一切代价。

然而，不表达违背了你为客户服务的初衷。从长远来看，如果内部问题没有得到解决，客户会蒙受损失。于是你开始设法解决问题，以让客户满意的名义命令对方给方案，或者找老板给对方施压，等等。每个人都有自己处理公司内部障碍的一套方法，但是如果输赢心态渗透到人际关系里，会损害关系的根基。

同时，你没有表达真正的需求，你的需求往往得不到满足，最终成为一个输家。输家总是憎恨赢家的，而这种憎恨往往会以某种方式表现出来。

生活中这样的情况比比皆是，因为那些可以触及问题核心的话仍然没有被挑明。每个人都宁愿相信自己说的是实话，但在现实中，人们说的往往是适合的话。而此处的"适合"是由传统输赢范式思维的局限所决定的。

另外，为人可信是一种能够增进人际关系、增强自我价值感的品质。然而，这其中存在着一种有趣的悖论。一方面，如果问大家，在一段关系中他们最看重什么，他们会回答直率和诚实。但是等到自己要敞开心扉时，他们就会犹豫——他们会害怕别人的想法。

卡尔·罗杰斯在他的著作《个人形成论》（*On Becoming a Person*）一书中这样表述：一个人的体验、觉知、沟通，越趋于内外一致，随之而来的关系就越可能呈现出：互惠交流、一致沟通的倾向，并且这种一致性将不断提高；沟通中双方更理解彼此；双方对彼此关系感到满意。

销售人员摘下他们的面具，更加有效地沟通，在这样的前提下，买家也会做出同样的事情。于是，买卖双方可以更坦诚地交流，更有效地达成购买决策，而这也意味着客户会更满意。

表达自我，对买方和他人更加真诚，这确实需要承担风险。但学习如何发送自我表达的信息，可以大大降低这种风险。

"我-信息"与"你-信息"

受限于以往的范式，大多数人的表达程序里只有两种选择：唯唯诺诺，或者咄咄逼人。传统的沟通行为大致都可以归入这两类。

与人交流时唯唯诺诺，意味着你隐藏了真实的感受、需求或价值观；或者是以一种极端谦逊的方式表达，以至于被他人忽视。你用这种方式沟通是为了避免与他人发生冲突，但在沟通中往往会被贬低、忽视，于是就会更加看轻自己，形成恶性循环。

唯唯诺诺的例子在销售领域是很常见的。原因之一是，大多数人都不想给人留下传统的强势推销员的印象，反而走向了另一个极端。事实上，如果一个销售人员不能自信地表达，他传递给顾客的信息会是："我这个人无足轻重，因此我说的话也无关紧要。"

而沟通时咄咄逼人，意味着自己的需求得到了满足，但往往是以牺牲他人的利益为代价的。他们会坦率表达自己的需求和意见，但方式激进，通常会让对方感到压抑。简而言之，他们不太在意别人的需求。有些人以牺牲他人的利益为代价，通过暗中操纵、破坏或者固执抵抗，来满足自己的需求。

对大多数人来说，唯唯诺诺或者咄咄逼人是他们唯一的选择。传统范式把他们的思考限制在这种二元对立的模式中。正因如此，许多人一直唯唯诺诺，直到积怨爆发，然后变得强势起来。同样地，有些人本来咄咄逼人，直到内心愧疚难当，又会变得消极被动。一直以来，这是传统销售模式的基础。你不能软弱（沦为输家），所以你必须强大（成为赢家），这是传统输赢范式的结果。

然而，我们还有第三种选择——坚定自信的表达方式。这意味着你开放、真实、并且内外一致。最好的方式是使用"我-信息"。这是一种内外一致的信息，反映了思想和感受的真实本质和力量。这种信息容易理解，并且切中要点，不拐弯抹角或含糊其词。

我们来看看不同类型的"我-信息"。

1. 表白性"我-信息"

这种自我表达的形式向他人表明你的信念、观点、喜恶、感受、想法和反应。比如：

"我相信，只有展示我们的设备，才能真正看到它的好处。"

"我希望你能旁听这次会议。你的意见很宝贵。"

"我建议您也考虑一下 2403 型。它可能符合你的要求，而且还便宜一些。"

2. 预防性"我–信息"

开放自我的另一种方式是告知他人，你未来计划做什么，或希望发生什么。这样的信息，清楚地描述了你想要的结果，增加了帮助你满足需求的机会。预防性"我–信息"的句式可以是这样的："我希望……，因为……"比如：

"我希望两点开会，三点结束，因为我今天的日程很紧。"

"我想今天收到你们的续订要求，这样我们可以制定一个切实可行的交货时间表。"

"我需要在星期四前知道你们的会议日程，因为得通知我们其他部门。"

3. 应答性"我–信息"

当很难满足别人的一些要求时，应答性"我–信息"是一种有效的拒绝方法。客户会对你的时间、精力和资源提出很多要求。因为害怕被拒绝，我们可能会陷入焦虑，不知道该说"是"还是"不是"。如果我们违心说"是"，那么我们并没有表达出自己的真实想法，这样我们也会对自己失望，对提要求的客户心生怨怼。这种情况下，建立协同伙伴关系可能就是一个挑战。

许多销售人员发现自己无法拒绝顾客的要求。以下是一些原因：

"**我可能会失去这笔生意。**"销售人员想要达成交易并留住客户，自然就害怕做任何可能会让客户失望的事情。

　　"**我想做个好人。**"小时候我们应该被教导过要善待他人，而这一理念在我们成年后通过许多方式被强化。面对那些看似需要帮助的人，或者那些看似对我们慷慨的人，拒绝他们会让我们产生负罪感和紧张感。

　　"**我会得到同等的回报。**"销售人员往往相信，如果他们现在对顾客说"好"，顾客将来就会觉得有义务把这笔生意交给他们。

　　"**顾客永远是对的。**"我总是很惊讶，有很多销售人员真的相信，完成销售需要他们做出妥协甚至牺牲，并且对客户总是要往好的一面想。传统范式中，自我牺牲是在所难免的。

　　很多时候，别人的请求你可以应下，说"是"再自然不过。然而当你不想说"是"的时候，坚定自信的沟通技巧就能派上用场了。如果可以成功地说"不"，那么你已经采取了行动来预防怨恨等情绪影响你和你的伙伴关系。

　　应答性"我–信息"非常有效，因为它们包含两个重要元素。第一个是"你的决定"。这是一种拒绝请求的声明，如"不，我不想这么做""我决定不这么做""我选择不这么做"。重要的是，要避免说"我不能""我没办法"，类似表达暗示着你无法控制自己的生活。正如前面提到的，坚定自信意味着承担责任，选择自己想做的事情。一个坚定自信的回答，如"我不想"，明确表达了你是这个决定的主人。如果回应"我就是没办法"，那么对方必然会追问"为什么不行"，这么一来你将处于防守位置，要么捍卫自己的决定，要么就退缩。

然而，表达应答性"我-信息"，在坦率的回答之后，必须有令人信服的理由。有些人更容易接受你的拒绝，如果他们清楚地了解了你的理由，理由越具体越好。一个模糊的理由，如"我太忙了"，跟"我已经安排了三个会议，不想改期"相比，后者就更有说服力。当人们听到这样的理由，可以联想到自己的生活，会更容易理解你。

让我们来看一些应答性"我-信息"的例子：

"杰瑞，谢谢你的午餐邀请，但是我今天不想吃。一小时后我有个重要的会议，我想做些准备。"

"不，汤姆，我不想为了那个会议重新安排我的假期。我们订的机票是不可改签，也不可退票的，酒店预订也已经确认了。"

"不，萨利，我决定今天不把提案传真给你。我还在等我们预算部门的一些数据。"

"不，汤姆，我决定下星期不飞纽约。我要为全国销售会议做一下准备。"

4. 表达感激的肯定性"我-信息"

这是开放自我表达中形式最丰富的一种，这条信息描述了你对别人的积极感受，可以是客户、同事，或其他人。当别人对你特别体贴，或者在你最需要的时候嘘寒问暖，你应该向他们表达谢意。

表达感激的肯定性"我—信息"是真情流露，不带任何附加条件，不会为了谋取什么而故意奉承。真诚表达感激有助于稳固双方关系，对彼此充满善意。

学员告诉我们，他们担心自己这么说会显得懦弱或不够专业。但是，这其实是一个强大的工具，帮助销售建立当前行业所需要的买卖关系。这是一条明确的信息，表明了你是谁，你看重的价值观是什么，而且对方肯定能听到。可悲的是，这种类型的信息在我们的文化中很罕见，显得格格不入。表达感激的肯定性"我—信息"有以下例子：

"鲍勃，你能调整交货时间，我真的很感激。我们内部出现了一些问题，导致了一些延迟。"

"玛丽莲，非常感谢你能及时回复我，而且特别专业。这替我省了很多时间，让我感觉没那么挫败。"

"琼，谢谢你安排了员工特别会议。这将让安装过程变得更顺利。"

5. 面质性"我—信息"

当客户或其他人的行为给你带来困扰时，能派上用场的就是面质性"我—信息"。记住，你也有自己的权利。这是实现协同关系内在平衡的唯一途径。"顾客永远是对的"站不住脚了，让我们面对现实吧。客户可能是无心的，但他们做的事情（或者没做的事情）确实给销售人员带来了麻烦。因此，销售人员在跟某些客户打交道的过程中，往往会感到自己身处下风。很多销售应该都经历过：约客户见面，对方却让你苦等，或者干脆放鸽子；客户答应要提供一些信息，方便你给出销售建议，但是他们却"忘记"了；他们占用了你太多时间，提出过分要求；他们不尊重你，对你的需求漠不关心。

传统模式下，销售机构会要求员工把自己的需求和感受放在一边，竭尽全力让顾客满意。简而言之，销售人员玩的是"我输，让你赢"的游戏，目的是通过最终完成销售再"赢回来"。但是销售人员如果不能维护自己的权利和合法需求，就会面临风险。

传统销售人员接受的培训是否认或压抑自己的不快乐（或被训练成这样）。这种"忍气吞声"的方法有时会奏效；然而，这不过是暂时拖延时间，冲突迟早要来，不可避免。总有一天，那些被压抑的怨恨会爆发；或者，你可能会疏远客户，以各种微妙的方式拖延与客户打交道，比如约会迟到、"忘记"处理投诉电话。销售人员在顾客面前持续失利，也会把怨气发泄到周围的人身上，甚至会因为沮丧而辞职。这种"忍气吞声"的方法，本质上是输赢模式的一种策略，从长远来看对任何人都无效。

在协同模式中，销售人员应对那些给自己制造麻烦的客户时，可以考虑三个选择。很重要的一点是，我们在这里讨论的是客户的行为给销售人员带来问题，这种行为妨碍了销售人员满足他的需求。

处理给自己带来困扰的行为

选择一：接纳事情本来的样子

正如前面讨论的，许多销售人员的本能反应是接受顾客所有的做法。让我们现实一点：有些情况下，你愿意忍受几乎所有事情，因为不这么做的风险太高了。这是一个合理的选择：接受客户的行为，虽然勉为其难，但形势所需不得已而为之。然而，还有另一种接纳并不强人所难，即从哲学意义上接纳事物原本的样子，并且允许它们可能总是如此。

可以问问自己下面这些问题，帮助自己心甘情愿地接纳客户令人恼火的行为。关于这些问题，如果你有一个或多个的回答是肯定的，那么接纳就可以成为一种合理、健康的方式，帮你应对客户给你带来的一些问题。

1. 这个世界上是否有足够的空间让我们各行其道，我用我的方式，而客户用客户的方式？

2. 为什么客户的行为会让我困扰？它是否只是干扰我的情感或违背我的价值观，但没有实实在在地影响到我？这真的那么重要吗？

3. 我是否能接受这样的观点：作为一名销售人员，我必须与各种各样的人打交道，待人更宽容，会让我的销售生活更愉快、更有成效。

4. 作为一名销售人员，我是不是脸皮太薄、防御性太强了，是否因为自己从事销售工作而感到自卑，低人一等？如果是，为了纠正这一点，作为一名销售人员，我能否提升自尊，增加自豪感，这样我就不会弱不禁风，因为一点小伤而"流血"？

选择二：如果问题也有你本身的原因，那就改变自己

在试图改变别人之前，你可能要先改变自己。在这个过程中，你可能会发现，是你的行为迫使别人做出你不喜欢的事情。例如，销售人员总是对客户的问题置之不理，客户抱怨产品的小毛病时总是无动于衷，从来没有真正倾听客户的感受，然后某天他听说这个客户在另一个潜在客户面前评价产品质量，各种挑剔批评。此时销售人员难道要怪客户背叛或欺骗他吗？

做真实的自己需要诚实的自省。这里有一些问题，你可以问问自己，看看你和客户之间的问题是否与你本身有关：

1. 是否因为我做了什么，导致对方做出我不喜欢的行为？是否因为我曾经拉高了他们的期待，而现在又让他们的期待落空了？

2. 如果是，我愿意改变自己的行为吗？

3. 为了维持良好关系，我做得够不够？我为客户提供服务是否承担了应尽的职责？顾客做出令人恼火的事情，是否出于不满，需要得到及时的关注？

静心沉思，你可能会找到答案："我所遇到的敌人正是我自己。"

选择三：尝试改变客户

如果你既不能接纳客户的行为，也不愿意改变自己，那么你可以尝试改变给你带来麻烦的人。这也可能是你的第一选择，之所以把它列在第三位，是因为试图改变他人有风险。实际上，你也改变不了他人。你所能做的就是尝试让客户考虑到销售人员的权利和需求，继而做出改变。

即便是在最好的情况下，试图改变他人也有风险。对方可能觉得你在批评或责备他；他可能会为自己辩护，拒绝听你说话；或者反过来质问你。你们的关系可能会变得紧张。

但这么做也可能取得积极的效果。客户很乐意听到你的担忧，并配合做出改变（也许你也会跟着一起改变），那么你们的关系会变得更加牢固。

同样，这里有一些问题，你可以问问自己：

1. 我不能接纳这个客户的行为吗？我真的想过自己为什么会和这个人发生矛盾吗？这种行为对我造成了怎样的伤害？这对我重要吗？

2. 这个客户有可能改变吗？他的行为是否受控于他人（比如老板）？如果是，我是否要去向那些人表达？

3. 我是否愿意并且能够处理对方可能对我有的反应——愤怒、尴尬、防御？

你是决定接纳现状，或者改变自己，取决于很多因素。重要的是要有意识地做出选择，而不是祈祷问题自己消失，或者退回到传统销售范式的习惯性反应，重蹈覆辙，以为自己"别无选择"。你有权利维持自尊、职业操守和人格尊严，客户和其他所有人都一样。

面质客户

面质客户，让对方知道你不喜欢他们做的事情，这并不是一个容易的决定。它有风险，然而，你可能觉得此事非做不可。

当决定面质客户或其他人时，你应该努力达成三个目标。首先，你希望问题得到缓解，通常是通过客户行为的改变来实现。其次，你要保持客户的自尊和体面。最后，你想维系彼此的关系，甚至在可能的情况下改善关系。

当我们对别人感到失望时，许多人只想到第一个目标——缓解问题，减轻他们的压力。但是，销售人员想与客户保持协同关系，也要关心如何将对其他人的不利影响降到最低。

面质性"我-信息"可以影响客户做出改变。 记住，"我-信息"就是坦诚表达你的想法和感受，描述某一特定时刻的真实情况。面质性"我-信息"是开放自我的一种特殊形式，它传达了三个重要的信息：1. 不带指责地描述客户困扰你的言行；2. 该行为给你带来的不良影响；3. 不良影响带给你的强烈感受。

面质性"我-信息"要发挥作用，对方就必须清楚地明白你受到了怎样的负面影响，然后才能体谅你，并主动改变他的行为。即使彼此不太了解或者只是萍水相逢，他们通常也会顾及你，因为他们能理解你的处境——也就是说，他们能设身处地为你着想。他们很可能会为你做出改变，即调整他们的干扰行为——这也正是他们希望别人为自己做的事情。

以下是一些具体说明，教你如何发送有效的面质性"我-信息"：

1. 行为

一定要详细描述对方的行为，这样才能清楚地表明你不喜欢的具体是什么（比如："你还没有发送新制服的设计规格"）。

不要描述模糊和笼统的行为（比如："你没有跟进"）。

不要添加责备、批评或夸张的词语（比如："当你拖延的时候"）。

不要试图分析原因。无论如何，你无法真正知道对方的动机或意图（比如："你一直拖延不给我发送设计文件"）。

2. 具体的影响

一定要准确描述你是如何受到负面影响的，强调实际结果——那些别人很容易认同的（比如："浪费了我的时间""错过销售会谈""花额外的钱"，等等）。

不要含糊其词表达影响或忽略跳过（比如："这是一个问题""把我弄得一团糟"，等等）。

3. 影响带来的感受

一定要描述你实际经历的感受：不快、愤怒、恐惧或沮丧。让对方了解这些感受的真实强度。试着把感受和影响关联起来。比如："我担心赶不上截止日期了。"而不仅仅说："我很担心。"

不要忽略你的感受，因为这能让对方知道你有多在乎他的行为带来的影响。

不要夸大你的感受，也不要有所掩盖或保留。保持真实表达。

"你–信息"行不通

虽然"我–信息"这个概念说起来合情合理，但我们许多人做不到用这种方式表达。相反，我们经常用"你–信息"来交流。我们会说"你那边——如何如何"而不是"我这边——怎样怎样"，因此无法表达出我们真正的感受。

"你–信息"表达的是评判、猜测、标签、命令或威胁。没有人喜欢被贴上标签或被告知该做什么，所以"你–信息"通常会影响对方的感受，引发对方的防御和抵抗。没有客户想被人指着鼻子说："你把事情都搞砸了""你太不体谅人了""你一点儿都不在乎让我等多久""你最好把材料给我，否则我可保证不了交付时间"。

四种最常见的"你–信息"是：

1. 贬损

这种信息包括指责、批评、责骂或说教。它的目的是指出你存在的问题，并且实施惩罚（比如："你这样让我苦等，你认为合适吗？"）。

2. 标签

这种信息直接评价客户，给对方贴标签，或划分不好的类别（比如："你不顾及别人的感受"）。

3. 威胁

这种信息委婉或公然地预示一些令人不愉快的后果（比如："如果你不早点把设计规格发给我，你就得不到最优惠的报价"）。

4. 命令

这种信息直接给出了一条命令，或建议客户应该如何改变，而不是允许他们以自己的方式启动改变（比如："拿到那些规格说明，然后发邮件过来"）。

面质性"我-信息"之所以有效，是因为它能让对方明确地知道他的行为伤害了你。因为这种"我-信息"没有命令、指挥或威胁，客户觉得他们有权选择如何回应。因为你没有强行要求改变，那对方也就没有什么要抵抗的。相反，在大多数情况下他们会产生一种责任感，做出帮助你的决定。

然而，即便是面质性"我-信息"，也会让对方在某种程度上感到不愉快。正因如此，仅仅面质是不够的，你必须采取一些措施来处理对方不可避免的抵触反应。"换挡"是方法之一，从面质客户转变成帮助客户处理对"我-信息"的反应。适当的回应是倾听，特别是积极倾听。事实上，如果你没有换挡去倾听客户，而是继续重复或强调你的面质性"我-信息"，情况可能会变得更糟。

换挡的关键是积极倾听。从表达到倾听的转变传递了一个非常重要的信息："我知道我说的话让你不高兴了。我希望理解你，听到你的顾虑。"倾听能给对方一个发泄的机会，为冲突的有效解决提供了一个环境。倾听过程中你所表现出的关心，通常能降低对峙的程度，这样你就可以再次换挡，回来面质，继续澄清或推进沟通。事实上，你可能会来回换挡——面质、倾听、再面质、再倾听，如此往复——直到达成某种解决方案，或者明确界定了产生冲突的真正原因，从而为冲突的解决奠定基础。

下面让我们来看一个换挡的例子。在这个场景中，黛布拉是一家印刷公司的销售人员，她决定面质客户，因为对方没有按时交回批准的校样。注意她是如何在发送完面质性"我—信息"后转变为积极倾听的，以及如何再次发起面质的。

卖方（1）：约翰，您好，我是黛布拉。我这儿有个麻烦。一套新的样品还没审查批准，我很担心赶不上截止日期，而且为这个项目我们还预留了几台印刷机。这么一来，我们不得不放慢其他项目的生产速度。

买方：你看，黛布拉，昨天我就通知劳丽要变动的地方了，而且我们这里忙得不可开交，为新产品展示做各种准备。我要管的事情很多，这本宣传册子只是其中一件。

卖方（2）：约翰，我明白，您的动作已经很迅速了，而且除了小册子外，还有很多事要做。我也知道您已经要求修改了，但您知道，新样品未经批准，我们不能开始印刷。

买方：黛布拉，自从一个月前他们为了准备年度销售会议把这个项目扔给我后，事情就不对劲了。新产品影集还没出来，我的创意人员改了副本，而总裁又为销售人员增加了一个特别激励，我必须为此策划一个活动。这么多事情，而且下星期就要开会了。

卖方（3）：所以您的压力真的很大。

买方：是啊，我得千方百计加快进度。

卖方（4）：从您的角度来看，批准和签署一套新的样品这个步骤是可以节省的，因为您已经通知了更改要求。

买方：没错。

卖方（5）：好的，约翰，我知道了。但我担心的事情是这样的。这个项目太重要了，不能搞砸，现在行事有些仓促了。劳丽有可能会误解您在电话里说的话，我不想冒这样的风险。我担心一个小小的错误就会危及宣传册的准确性，而这对贵公司来说太重要了，不能冒这个险。另外，这个项目印刷量这么大，在您签字同意之前，我不想贸然开始。

买方：黛布拉，改动没那么大。不应该有什么误会。

卖方（6）：约翰，我真的明白您的意思，这些变动很小，没必要再单批一套样品。但我也遇到过因为一些小改动被误解，客户对最终的产品感到失望的例子。在咱们这个项目中我不想冒那个风险。

买方：好吧，那你有什么建议？一个小时后我要和生产公司讨论下星期的日程安排，会议可能要持续一整天。

卖方（7）：那这样好吗？为了节省您的时间，我会自己查看一遍新的样品。然后下午1点带过去，占用您大概20—30分钟时间。请您会议间歇时和我一起检查修改的部分，以确保改动是您想要的。这样我今天就能启动印刷。

买方：好吧，黛布拉，也许你是对的。我们1点见。

黛布拉一开始发送了一条直接、有效的"我—信息"；回应（2）运用了积极倾听，表明自己明白约翰的担忧；回应（3）和（4）也是积极倾听，表明自己完全理解约翰的观点；回应（5）再次坚定地表达了自己的想法，以确保约翰明白她需要什么以及原因；回应（6）她再次积极倾听约翰，让对方知道自己理解他，然后再阐明自己的立场；最后，回应（7）向约翰提出一个解决方案，认为方案对两人都适用。

从协同销售课程项目的经验来看，许多销售人员知道，一旦出了问题，卖方手里必须有保证自己利益的东西，否则他们不会在这种情况下冒险发送面质。在这个例子中，样品还没有经过批准，所以他们可能是对的，客户可能是错的。还有一种做法，销售人员只是坚持原则——不批准样品，就不印小册子，但这种输赢法并不利于销售人员与客户建立稳固的关系。

如果没有使用倾听技巧去理解对方的担忧，那么在很多情况下，比如上面的场景，最终会导致一方赢一方输的冲突局面。这就是换挡技术的重要性。

"我–信息"包括——表白性"我–信息"、预防性"我–信息"、应答性"我–信息"、表达感激的肯定性"我–信息"和面质性"我–信息"——这提供了一个新的沟通工具来更有效地表达我们的需求、观点和感受。虽然我们提到了真实的自我表达可能存在的风险，但好处也是令人惊叹的。敢于更加坦诚和真实地表达，将开启一种全新的协同伙伴关系。

第七章

练习表达掩藏的心声

做事要无愧于他人，也要力争让他人不辜负自己。

——艾伦·阿尔达

◇◇◇◇◇◇◇◇◇◇◇◇◇◇◇◇◇◇

在前一章，我们举了一个课程中的练习例子，关于那些未曾说出口的心里话。学员构思一个沟通场景并记录下自己会如何进行这一段对话，然后在空白处写下那些掩藏的心声。这次我们会继续使用之前的例子，重写对话脚本，来看看如果使用"我–信息"来表达掩藏的心声，以及这段沟通会有什么样的效果。

你可能还记得，汤姆对他的销售支持经理马克有意见，因为马克没有及时回复他。

马克：你好，我是马克·约翰逊。

汤姆：马克，我是汤姆。天啊，真高兴能打通电话。之前只能给你留言，太郁闷了。

马克：对不起，汤姆。那个新营销计划真是搞得我们团团转。似乎总在没完没了地开会。

汤姆：嗯，你们压力真的很大。

马克：哎，大家现在不都这样吗？

汤姆：是啊，已经是普遍现象啦。不过马克，我打电话是有个问题要解决。

马克：什么问题？

汤姆：关于 xxx 客户订单的定制设计方案，我给你打了三次电话，也留了言。没有收到你的回复，我真的很担心，因为和客户约好了明天上午 10 点开会。

马克：汤姆，很抱歉，你知道的，我现在真是忙不过来，而且约翰逊得做最终审批，要找到他人太难了。我会在今天下午 4 点之前搞定，然后传真给你。

汤姆：我明白，你真的很忙，而且找约翰逊也很不容易。感觉你一直连轴转，连喘口气的工夫都没有。

马克：可不是嘛，我都不知道自己还能坚持多久。

汤姆：嗯，这么频繁地开会都让你顾不上跟进销售一线的需求了，如果这样的话，我们的体系得改改了。销售支持经理这个职位建立之初，就是为了满足销售一线的需求，但现在我不得不等着你把活儿干完，这真的让我难受。我要跟老板谈谈，看能不能给你们一些支援。另外，马克，我想再强调下，你不回我电话，我真的很失望。

马克：好吧，汤姆，对不起。我以后会注意给你回电话，即便还没有什么更新信息也会回复你，至少告诉你一声。如果有什么问题，我们也可以讨论备用方案。我现在就去找约翰逊，一小时内再与你联系。

汤姆：谢谢，马克，我想让你知道，我很感激你愿意解决这个问题。我也看看能帮上什么忙。

上面这段对话跟之前的大相径庭。学员告诉我们，重写对话的经历让他们大受启发。当他们通过"我—信息"准确地表达自己的感受时，对方的表达也会更加坦诚，甚至在记录过程中，核心问题就得到了解决。

注意在上面的例子中，汤姆使用了表白性"我—信息"、预防性"我—信息"、面质性"我—信息"和表达感激的肯定性"我—信息"。而且他也倾听马克，表明自己理解对方的处境。

真实沟通需要勇气，这种勇气与其说是要面对表达的后果，不如说是要克服以往的制约。本章让你有机会打破那些自我强加的限制，更加真实地与他人交往。我们将展示人际关系中真实沟通的例子，这些关系包括你与客户、经理以及其他对你成功销售至关重要的人。而你需要的是做出以下三个承诺：

1. 对自己的承诺。说出你所看到的事实，比从前更深入真相，并且表达出来。试一试，讲真话兴许会创造关系的奇迹。

2. 对产品和服务的承诺。这点你可能听说过，但我想再强调一遍。诚信是协同伙伴关系中一个至关重要的因素。如果你本身对产品或服务没有坚定的信念，并不相信你的买家会从中受益，那么你充其量就只是一个成功的"小贩"，你们的买卖关系缺乏至关重要的诚信。不只是买家会注意到他们跟你之间存在信任问题，你自己在这个过程中也会遭受损失。

3. 对客户服务的承诺。除了产品或服务带来的好处，你还能为这段关系带来其他价值，即你让顾客满意的承诺。这可能意味着你需要"对抗公司内部的体系"。一流的客户服务要求销售承担风险，确保客户满意。

确定对这些承诺的立场，将帮助你采取必要的行动。当你敢于直面他人时，真正的突破就发生了。你突破了过去的条件限制，清除了妨碍关系发展的障碍，与他人真诚沟通，新的可能性也会出现。

现在让我们探讨一下，买卖过程中应用真实沟通和"我–信息"的三个主要场景：当别人的行为给你带来麻烦的时候，当你开启一段买卖关系的时候，当你谈论自家产品或服务的好处的时候。

当别人的行为给你带来了麻烦

让我们分三部分来处理，首先讨论你与买家之间的问题，其次是内部支持部门的问题，最后是与上级销售经理之间的矛盾。

1. 对买家的行为有意见

当买方不为卖方提供执行购买决定所需的相关信息时，许多销售人员会感到非常郁闷。下面让我们以这个场景为例。

摩尔制造公司最近决定升级电子订单输入系统。他们选择了高科电子公司，而且迫切想要推进升级切换，合同内容也开始执行了。南希是高科电子公司的客户经理，她需要一些信息，但是摩尔的客户支持经理杰克没有提供，南希感到很沮丧，因为这样她就没办法给出升级切换时间表。而两星期前，在一次项目会议上，杰克承诺会在一星期内把信息告诉她。

在这种情况下，南希的需求没有得到满足。她对杰克感到失望，心怀不满，但又不想惹恼他。对他来说，这份合同还没有正式签署。但另一方面，她需要这些信息来准备明天的项目会议，否则，她担心公司无法履行承诺，会得罪客户。早晨去上班的路上，她审视了自己的选择：1.接纳对方的行为；2.改变自己；3.尝试影响杰克做出改变。

她发现自己不能接受杰克的行为，做不到坐等消息，祈祷在会议前收到信息。她可以把责任推到杰克身上，这样就有理由跟项目的管理人员解释。如果摩尔公司对时间进度不满意，高科公司也有推托的借口。但这么做风险太大了。同时，她找不到通过改变自己来解决问题的方法。她也考虑过找杰克的老板马文，但很快意识到这么做就陷入了输赢之争。于是，她决定给杰克发送一条面质性"我–信息"，尝试解决这个问题。她记得面质他人的目标是：

- 通过改变客户的行为缓解问题。
- 维护客户的自尊心和自豪感。
- 维护关系不受损害，并在可能的情况下改善关系。

南希编辑了一条面质性"我—信息",包括三个部分:1.不带责备地描述他人不可接纳的行为;2.对她实际产生的具体影响;3.这些影响给她带来的感受。她到办公室时给杰克打了电话。谈话过程如下(注意南希使用了"换挡"技巧,让杰克知道她也理解他):

杰克:早上好,我是杰克·巴恩斯。

南希:杰克,我是高科公司的南希·泰勒。有个问题我想和您谈一下,但又有点担心您会介意。

杰克:哦,怎么回事?

南希:是这样,杰克,您上星期承诺的数据我还没收到,明天项目会议要用,我真的很担心,因为没有这些数据我们无法制订出切实可靠的执行计划。

杰克:很抱歉,南希,但因为这个决定,我们这里都乱套了。我的人大都不愿意更换供应商。另外,我的助理还在休假,只能等一等了。

南希:嗯,决定升级系统这个事给你们添了很多麻烦。

杰克:你说对了。合同都还没签,他们就着急要求我挤出系统更新的时间。我们的工作安排本来就很紧张了,这样做是要付出代价的。

南希:所以从您的角度,不理解为什么要这么匆忙,尤其是最近部门里还有这么多其他的事情。

杰克:是的,南希。

南希:好的,杰克。我想我明白您的处境了。问题是我明天有一个项目会议,要制订安装计划。我们两家公司已经约定好要尽快完成这项工作，这也是我们没有签订合同就提前推进的原因。我需要您的数据来准备明天的会议。我们现在筹划得越完备，将来就越可能顺利进展，为你我都省去麻烦。

杰克：好吧。如果你今天上午过来，我可以口头给你明天会议需要的信息，我只是没有时间填写你发的整套问卷。

南希：所以我们在表格上要求填写的细节太烦琐，这是问题所在。明白了。我十一点半到您那儿，我们可以讨论一下我开会需要的东西。

杰克：没问题。到时候见。

南希：还有，杰克，我还想到一件事，今天或者过段时间，我想约您谈谈您担心的其他问题。如果我能很好地了解您关心的问题，以及时间安排对你们部门的影响，也许对我们双方来说，能更容易推进这件事。

杰克：这是个好主意，我同意。我们周围似乎没人明白这点。他们只会说"干活！"那我们稍后见吧！

通过"冒险"直面现状，南希不仅能为自己明天的会议做好准备，而且还确保了杰克也是"赢家"。此外，她还发现了一些可能会阻碍项目进展的信息。她加强了与杰克之间的关系，为双方的合作奠定了基础，确保未来执行过程的顺利，并赢得客户的满意和忠诚。如果没有南希真诚的沟通，这一切都不会发生。

2. 对同事有所不满

如果现在给你带来麻烦的不是客户，而是其他人，让我们来看看如何处理这种情况。为了保持连贯性，还是沿用杰克和南希的例子。不过现在已经过去了两个月，杰克刚刚打电话告诉南希，他对高科公司的客户支持培训部有意见。他们似乎总是最后改变培训日期，还有个培训师记错了培训日期。杰克跟培训部门经理拉尔夫谈过了，但似乎没有什么改变。现在这个问题反馈到了南希这里。

接到这个投诉时，她本能的反应是去找老板，让他给拉尔夫施压，敦促他更好地服务客户，保证杰克的投诉会有人负责。不过，真的会有人负责吗？她想起了这种输赢法的后果，确切地说，输家会憎恨赢家，拉尔夫的憎恨会通过许多不同形式表现出来。她能从拉尔夫那里得到的，充其量只是顺从——他会勉强做一些必要的事，让杰克高兴起来。除此之外不能奢望其他，更不用说提高客户满意度的承诺。

她不愿意放弃，尽管处理这件事有风险，但与拉尔夫部门的关系对她来说至关重要。拉尔夫在公司工作时间久，已经建立了一个强大的"影响圈子"。高科公司产品的技术性要求大量的客户支持培训，拉尔夫就有非常强大、熟练的技术团队。而且公司高层有很强的技术导向，很多事情都让拉尔夫全权做主。毕竟客户交给拉尔夫的时候，合同已经签署完了，销售完成了他们的工作，轮到拉尔夫的部门来培训客户了。

她出于对客户满意度的坚持，以及对杰克的承诺，决定要适时给拉尔夫发送一条面质性"我—信息"：

拉尔夫：我是拉尔夫·麦奎尔。

南希：早上好，拉尔夫。我是南希·泰勒。

拉尔夫：你好，南希。有什么事儿吗?

南希：拉尔夫，摩尔公司的培训计划，最后一刻还在变动，杰克对此不满。他刚刚给我打了电话，我不得不花时间了解情况，这让我挺郁闷的。时间本来就紧张，我担心进度会受到影响。

拉尔夫：好的，南希，我会处理的。

南希：您只跟我说会处理这件事，这对我来说还不够。拉尔夫，我想知道摩尔的情况是怎么回事。

拉尔夫：听着，因为我们临时接到了学校项目，所以也手忙脚乱。各种关系权衡的结果，学校项目才是当务之急，现在这样我们已经尽力了。

南希：您的意思是，学校项目导致我们在其他客户那里很被动，不得不临时调整培训计划。

拉尔夫：就是这样！

南希：可是这一点我不敢苟同。我们已经在摩尔的系统安装方面投入了大量精力，现在因为另外一个客户的问题而带来麻烦，我对此不满。我觉得这不合理，虽然我能理解您夹在中间很为难。

拉尔夫：我无所谓了，这么多年一直是这样的。每件事都会被优先处理，直到更重要的事情出现。别担心，会解决的。

南希：所以您的意思是，我们必须忍受这些事情。言外之意，您是告诉我不要小题大做，"别惹事"。

拉尔夫：做你分内的事情吧。我只是说，在学校项目完成之前，我们在摩尔的计划就只能随机应变了。

南希：嗯，这么做确实可以满足我们的需求，但却满足不了杰克的需求。临场变动给他带来了很多麻烦。他现在人手短缺，为培训班安排人员又是烦琐的事情。一旦变动，他就会暴跳如雷。说到权衡关系，他们的总裁和鲍勃（高科公司的总裁）一起打网球。这就是为什么我们会做这个项目，为什么还没有签订合同就启动项目。我不想让这个问题变得更复杂，甚至惊动鲍勃。我理解您的难处，我想要的只是我们跟杰克约一下，当面听听他的问题。也许我们可以一起研究其他解决方案。您能和我一起去见杰克吗？

拉尔夫：好吧。你安排好会议，通知我的秘书吧。但我不确定这是不是真的有用。

南希：是的，我明白您的顾虑。拉尔夫，谢谢您花时间跟我一起讨论这件事。我很感激。我还想从您那里得到一些建议，看看该如何着手提高我们为客户服务的整体承诺。

通过以上谈话，南希不仅在解决摩尔的问题上迈出了重要一步，而且还增进了与拉尔夫的关系，并与关键支持部门建立了对话。

企业和其他组织每年在客户服务培训上花费数百万美元，大部分资金都花在了培训那些与客户有联系的员工如何保持"微笑"或"礼貌"。但是，很多公司没有营造这样的环境，也就是允许像南希这样的人轻松推动系统改变。

客户服务因为公司内部的关系问题而受到影响，这样的事不断发生，令人咋舌。其实这些问题很容易解决，只要个人愿意承担风险，突破现有文化的限制，在彼此交流中保持真实就行。上述例子中，南希正是这么做来解决她的问题的。

3. 与老板之间存在问题

也许最难面质的人是老板，许多销售人员在生活中对老板充满恐惧。销售人员担心会承担后果，遭受报复。此外，他们还担心惹恼老板会让自己在下一次绩效评估中得到负面评价，或失去晋升的机会，甚至工作。有些人则担心他们会被贴上"麻烦制造者"的标签。

害怕面质老板是人的本能，并不局限于某个特定的组织、行业或者国家。对权威人物的恐惧，是我们在输赢文化中成长的结果。

举一个面质销售经理的例子，让我们回顾下第一章中提到的霍华德。霍华德是汽车金融公司的销售人员，每次信贷部进度滞后时，他的老板总是拉他过去救场，这让他很恼火。因为这样一来，霍华德就必须不断改变他的日程安排。在下面这段对话中，注意他是如何换挡去倾听经理的。

霍华德（1）：琳达，您现在有时间吗？想跟您讨论个问题。

琳达：当然可以，霍华德，什么事？

霍华德（2）：谢谢，提起这个我有点紧张，但这对我来说是个大问题，所以想解决。是这样的，琳达，您让我放下手头销售的工作到信贷部去帮忙，这让我很难受，因为我必须改变原有计划。昨天，我甚至不得不取消与唐·斯科特新经销店财务经理的会议。

琳达：我知道这给你造成了不便。但是，霍华德，我们的当务之急是解决经销商的问题。在目前的经济形势下，他们不希望因为处理融资请求的速度放缓，而错过任何一笔交易。所以这件事我们也是不得已的。

霍华德（3）：您的意思是，因为信贷申请处理缓慢，我们承受了很大压力，所以我们应该优先考虑这件事，对吧？

琳达：没错，霍华德。不管怎么说，玛丽那里有困难，我希望有人愿意过去帮助她。这也是团队合作。

霍华德（4）：听起来您特别看重这一点。

琳达：是的，是这样。你有什么问题吗？

霍华德（5）：是的，坚持团队合作，我对此没有任何问题。但我不喜欢临时被叫走，丢下手头的工作，不得不调整计划。那样被人呼来喝去的，让我很不舒服，而且这让我在客户面前食言，显得不靠谱。

琳达：嗯，很抱歉。只是你很了解这个部门，而且你是我唯一能信赖的人。

霍华德（6）：我明白，琳达。玛丽那里融资请求堆积如山，完全忙不过来。而我们承诺了要为经销商缩短处理时间，所以您必须以最快的速度做出反应，而如果我在这里的话就能帮到您。

琳达：事情就是这样。霍华德，对不起。

霍华德（7）：好吧，但这么做在我看来行不通。首先，它向员工传递了一个信息，就是销售功能并不是那么重要；其次，这影响了我在经销商那里的信誉；最后，我不喜欢在紧急情况下工作，因为总是救火而不能完成本职工作。我担心几个月后你和汤姆（区域销售经理）会跟我抱怨我们的销售额，而我敢打赌没有人会为我说话。我相信团队合作，但我认为我们每个人都有自己的工作。我的工作是增加销售额，而不是信贷办公室里的财务职员。

琳达：所以这对你来说真的是个问题，是吗？

霍华德（8）：是的，这让我很困扰。

琳达：好的，那你有什么想法吗？

霍华德（9）：是的。我建议您、玛丽和我聚在一起讨论下这个问题。我想让玛丽参与进来，因为这涉及她的工作。也许通过集思广益，我们可以想出对每个人都适用的办法。

琳达：好的，跟玛丽谈谈，安排在星期五午饭后开会吧。

霍华德（10）：太好啦，琳达，能这样坦诚交流，我很感激。

霍华德为这个对话做了有效的铺垫，他在回应（2）中表达了自己的感受，并发送了一条很好的面质性"我—信息"。接着，他在回应（3）和（4）中做了换挡，倾听琳达的想法，以确保对方知道自己理解她。在回应（5）中他重申了问题，在回应（6）中总结了琳达的全部立场。

他一旦确定琳达相信自己完全理解她的立场，此时再阐述情况会更容易，就像在回应（7）中所做的那样。之后，他表现出愿意倾听和理解她。在回应（9）中，他们同意与玛丽开会解决这个问题。会议使用"没有输家"的冲突解决方法，遵循六个步骤完成，我们会在下一章中介绍这个方法。

当工作出现问题时，你有责任面质你的上司，这是将你从障碍中解脱出来的唯一方法。你可以选择接受现状，扮演受害者角色，怨恨你的老板，或者周围的人；你也可以选择承担作为一个销售员的责任。但不能否认的是，诚实的自我表达会给你带来回报。

有效面质是必要工具，帮助建立有效的、相互协作以及互惠互利的人际关系。这是解决你与买家、其他影响销售过程的人，以及你的经理之间的问题的唯一方法，而且结果是双赢的。这是协同范式中的一个基本原则。

开启一段买卖关系

买卖双方的关系可以由任何一方发起。如果由买家启动这个过程，他想表达的意思大抵是"我需要某样东西，你这里可能有"，这在零售场景中最为常见。如果是由卖家启动的，他们开场白的含义会是"我这里可能有您需要的东西"。

当销售人员开始建立一段关系时，一条真实的"我–信息"通常是有用的。此时，卖方必须准备好传达一条能引起买方兴趣的信息。"我这里可能有您需要的东西"这句话，最重要的部分是"需要"。许多销售人员在市场上关注的是他们在卖什么，但买家想听到的是这东西对他们有何好处。而这句话中最重要的词是"可能"。这意味着卖方并不肯定买方能用得上该产品或服务，直到他们理解了买方的个人需求。大多数销售的开场陈述通常是自以为是的，而这将招致买家的抵触情绪。只有了解买方的个人需求，才能避免这种情况。

以下是一些很有用的"倾听策略"，帮助开启一段买卖关系。

1. 关于省钱的可能性：

"我有关于贷款新方案的信息，你们融资的话可能会省些钱。"

"我们新的会计软件也许能帮您在薪资准备方面省些钱。"

2. 关于新产品或服务的好处：

"我想向您介绍我们的新手术服，也许能减少您更换制服的费用。"

"我想和你们分享新的热线服务，可能有助于你们的市场营销。"

3. 提示产品或服务将帮助买家更好地完成工作：

"我想聊一下我们的销售培训计划，看看如何能提高贵公司员工在该领域的表现。"

"我有一些关于我们个人电脑系统的资料，可能会帮您节省查找供应商文件的时间。"

4. 告知买方有更新消息：

"我们系统更新了信息，可能会帮你们节省研究问题的时间。"

"我想跟您过一遍新产品的信息，也许能帮您更有效地培训员工。"

5. 提示能解决买家的问题：

"我有一种新的清洁产品，也许可以解决您客厅地毯的问题。"

"我想跟您介绍下我们新的彩色印刷程序，可能会让您准备促销资料时有更大的选择余地。"

谈论产品或服务的好处

大多数销售人员都知道功能和好处之间的区别，但令人惊讶的是销售人员却把大量时间花在谈论产品或服务功能上。当然，客户确实需要知道产品是如何制造的，包含什么特性，但他们不会只凭这些信息就轻易选择这个产品。只有购买者感知到特定的产品或服务能为他们带来什么好处时，价值才会产生。

功能可以是描述产品或服务的任何东西，通常用名词表示。它是物理特性，用来回答"是什么"的问题。每个功能都说明了产品或服务的一些信息。比如新汽车的功能之一是副驾驶侧有安全气囊。而每个功能的好处是个性化的价值，它回答的问题是"这对我来说意味着什么"。买新车的人可能会听到这样的话："副驾驶侧配有安全气囊，这样您的配偶和孩子坐在副驾驶也一样安全。"这句话有两种说法：

一是"这款车副驾驶侧配有安全气囊，这样您的配偶和孩子坐在副驾驶也一样安全"；二是"这款车副驾驶侧配有安全气囊"。大多数人都同意，说法一听起来比说法二好。

现在让我们深入研究如何声明产品的好处，来加强这条信息的影响力。请大声读出下面的陈述句：

1. 这辆车副驾驶侧有安全气囊，这样乘客坐在副驾驶也一样安全。

2. 你会非常喜欢副驾驶侧的安全气囊，这样乘客坐在副驾驶也一样安全。

3. 我们设计的这辆车副驾驶侧配有安全气囊，这样乘客坐在副驾驶也一样安全。

4. 我想你会喜欢这辆车新增的副驾驶侧安全气囊，这样乘客坐在副驾驶也一样安全。

例句 1 是一般陈述，影响力小。在普通广告中，这是可以的，但它不能建立人与人之间的沟通桥梁。例句 2 是"你–信息"，可能会引起对方的抵触。很多人在被告知他们应该做什么或会有什么感受时，会不由自主地想："要打个赌吗，我才不会呢！"例句 3 使用"我们"这个概述。在这个例子中，"我们"是一家庞大的汽车公司，并非活生生的人。它的形象是模糊的，无法打动买家。

例句 4 是"我–信息"，它对好处的影响进行了个性化处理。记住，客户从你这里买东西，而你与他们之间的关系是销售过程中的一个重要环节。与其他真实沟通的方式一样，"我-信息"传递的好处让购买者把销售人员看作一个真实的人，有自己的见解和感受，而不是一个精心准备演示的机器人。

下面是另一个例子：

1. 我们的健康俱乐部有三十多台心血管锻炼设备，这样你就不用经常排队了。

2. 我们有三十多台心血管锻炼设备，这点你肯定喜欢，因为这样你就不用经常排队了。

3. 我们为这个俱乐部设计了三十多台心血管锻炼设备，这样你就不用经常排队了。

4. 我想你会喜欢我们这里配置了三十多台心血管锻炼设备，这样你就不用经常排队了。

同样，例句 4 听起来更有人情味。小细节的改变，会带来很大的不同。

买家希望与他们信任的销售人员合作，而真诚沟通对于建立信任至关重要。此外，当你更真实、坦诚，懂得满足自己的需求，也会更快乐，更容易成功。摘下销售的职业面具，展现你内心最真实、独特的一面，结果将令你喜出望外。

第八章

用双赢的方式解决冲突

与其否认冲突，不如试着理解它。

一旦我们这么做了，冲突就会变成礼物。

——托马斯·克鲁姆

◇◇◇◇◇◇◇◇◇◇◇◇◇◇◇

　　乔治是一位驻外销售工程师，在一家生产定制集成电路的高科技制造工厂工作。他95%的生意都来自一个客户，交货周期通常为六至十二个星期，有一次遇到特殊情况，他们一个月就交付了产品。采购方的销售经理约翰认为，如果他施加足够的压力，所有的订单都能在4星期内交付。他总是威胁说："我们不会再用你们家了""你们最好缩短交货周期，否则我们就找别家来合作。"

　　乔治与该客户公司的其他成员关系很不错，特别是与他一起从事产品设计的工程师。他也意识到这里有更多的商业潜力，可是与采购经理的冲突导致销售量比他预期的低，这让他很是头疼。

　　没有人有勇气在这种情形下发送面质，乔治也不想弄巧成拙。尽管客户公司都希望与乔治的公司进行更多的业务合作，但鉴于采购经理在公司所处的位置，他们对此表示无能为力。乔治的销售经理也害怕连现有的生意都保不住。

　　出于对冲突的恐惧，每个人都不谋而合——接受当前的现状、编一个最适合的理由安慰自己、解释情况为什么会是这样。这是他们的应对方式，合理化正在发生的事情以及他们对此无能为力的原因。这种氛围在客户公司内部也如出一辙，那些想要与乔治的公司合作的工程师和其他人都逃避责任，不愿发声。乔治的公司的支持者们也都选择保持现状，不惹事端。

因此，原本与供应商建立伙伴关系能够激发创造力、推进创新、降低成本，但现在却无法做到了。原本这种伙伴关系将使乔治的公司更多地参与到长期合作策略中，从而更有效地规划未来的需求。

没有人敢于直言不讳，让采购经理明白他的行为所带来的后果。他继续工作，没有意识到他正在制造的问题，在他看来，自己正在为公司尽职尽责。这一切都是因为害怕面质他人，不能坦诚地处理冲突。这种情况在当今的公司里普遍存在，后果就是极大地影响了销售成绩、客户满意度和盈利能力。

想法分歧、意见相左，这是不可避免的。实际上，大多数人害怕冲突，是因为他们成长的文化基础建立在传统的输赢范式上。而冲突导致关系损害和破裂，由此带来的伤害和感受我们都非常清楚。

对冲突的恐惧表现为不同形式。比如：害怕破坏一段关系，害怕自己被嫌弃，害怕他人的报复。又比如：担心会惹恼对方，担心别人认为自己自私。还有一些人，害怕因为自己的"消极态度"，而受到团队的排挤。

传统营销模式下对冲突的认知和处理具有很大的局限性，不再适用于当今复杂的市场环境。随着参与销售网络个体的增加，与客户建立长期关系趋势的增长，用新方法解决冲突就变得至关重要。

在协同范式中，冲突被视为消除障碍和改善关系的机会。"没有输家"的冲突解决方法有三个基本准则：首先，接纳冲突是所有关系中正常的一部分；第二，坚定自己的信念，承诺使用"双赢"的方式解决冲突；第三，遵循本章提出的六个步骤来找到双方都满意的解决方案。这些指导方针是关键，帮助我们适应冲突情境，并且有效地解决冲突。下面让我们逐一分析。

接纳冲突是所有关系中正常的一部分

冲突是不可避免的，在关系中也有积极作用。事实上，关系中没有冲突，可能意味着一方正被另一方所压制——销售人员不敢面质客户，下属不敢挑战主管。关键不是要避免或否认冲突，而是要学会如何处理和解决冲突，以便真正促进关系的发展。你觉得和另一个人有冲突，这表明你们的关系出了问题。因此，通过解决冲突，可以改善这段关系，激发创造性思维，进而从关系中获得更高的满足感。

接纳冲突是关系中正常的，甚至是健康的一部分，这取决于你要认识到自己是如何根据过去的经验来感受冲突的。大多数人都受到过类似的经验限制，认为冲突是错误的。然后，他们会竭尽全力避免或否认生活中的冲突。这么做的后果就是：问题得不到解决；怨恨会在关系中累积，直到某天被一件微不足道的小事点燃而爆发；关系仍然紧张，令人不安，有效的沟通无法进行。

此外，销售人员都希望客户能喜欢自己，因此大多数人不去处理与客户的冲突。同样，受经验限制，他们认为与客户发生冲突就等同于客户不喜欢自己。于是，他们脸上挂着虚假的微笑，表示一切都好，但内心却怨天尤人，讨厌顾客，讨厌工作，甚至怨恨自己。

用"双赢"的方式解决冲突

解决冲突有三种基本方法，前两种代表了传统的输赢模式，第三种代表了没有输家的协同范式。

方法一：你赢，对方输

这种解决方法的核心理念是利用权力将解决方案强加于他人，即"在我们的关系中，我的权力最大，可以使用奖惩，所以我会赢"。而权力较小的一方通常会采取这种立场："我只能勉强接受你的解决方案，但我讨厌你对我指手画脚，有机会我一定扳回去。"

以下是运用方法一来解决冲突的例子：

• 汤姆是一家医疗产品公司的销售人员，他和分销商在新的销售计划上产生了分歧。分销商因为没有参与新项目的设计而生气，并且质疑该计划的有效性。汤姆告诉他自己别无选择，因为总部已经开发了材料，成本将摊到分销商的营销费用里。在这个冲突里，汤姆和他的公司赢了，分销商输了。

• 玛丽是一家杂志社的广告客户经理，她要求版面设计部门加班，赶在最后期限前为她的新客户制作一个广告。迈克是设计部的经理，他不同意这么做，因为其他项目也在赶工期。玛丽越过迈克直接去找他的老板，向他保证这个新客户将给公司带来巨大的收益。结果迈克被告知周末让他的员工加班把这项工作做完。在这个冲突里，玛丽赢了，迈克输了。

• 安东尼是一家大型软件制造商的地区销售经理，正值销售副总裁到当地视察，安东尼让销售代表凯莉抽出时间等待老板约见。凯莉跟客户约好了两个推介演讲，不愿改变日程。但是安东尼想让凯莉参与到和老板的会议中，命令她改变自己的会议安排。在这个冲突里，安东尼赢了，凯莉输了。

方法二：对方赢，你输

解决冲突时屈服于对方的要求，而不是坚持自己。让对方赢的原因有很多：害怕失去这段关系，害怕冲突，渴望做个好人，等等。

以下是运用方法二来解决冲突的例子：

• 桑德拉是一家商业表格供应公司的销售人员，她的客户丹尼斯遇到了一个问题。丹尼斯批准了一个新表格的设计，而且已经打印出来了，但他的老板却不同意这个方案。为了向老板交差，丹尼斯要求桑德拉免费重新打印订单表格，而且威胁说如果她不这么做，未来所有的生意就都让给她的竞争对手。为了保住生意，桑德拉只能委曲求全答应了丹尼斯的要求。在这个冲突里，桑德拉输了，丹尼斯赢了。

• 达瑞尔是一家大型培训公司的客户主管，客户购买了领导力培训课程，并且要求为他们准备定制的工作手册。他带着客户的要求去找项目开发总监史蒂文，却被告知他们没有时间来定制培训材料。在这个冲突里，达瑞尔输了，史蒂文赢了。

• 贝克是一家汽车经销店的销售人员，周末休息的时候，经理叫他来公司干活儿。他回答说自己已经答应孩子们花些时间陪他们。然而，经理却借此质疑他的工作态度，认为他对工作不够投入，他只好同意改变自己的休假安排。在这个冲突里，贝克输了，经理赢了。

方法三：双赢（没有输家）

方法一和方法二都让其中一方成为失败者，需求得不到满足，心怀怨恨。我们在第一章总结了这种怨恨的结果，这是传统范式的局限性。方法三基于一种完全不同的假设，一种不同的范式。双方的需求被认为是同等重要的，任何一方，不论权力是否对等，都同样关心对方的需求。这就好像在说："让我们共同努力寻找一个解决方案，既满足你的需求，也满足我的需求。我们都会赢。没有人会成为输家，心怀不满。"

方法三的主要好处是不损害关系。事实上，它还会改善关系——怨恨和不公平的感觉消失了，取而代之的是对彼此需求的尊重和关心。

而且，方法三还有其他重要的好处。

1. 人际关系会变得更健康、更有成效

销售人员会更接纳冲突的场景，不再回避冲突。他们与客户、经理和其他人的关系中隐藏的问题被挖掘出来，并通过有效的方式得以解决，消除了许多障碍。而且与客户的关系建立在相互信任的基础上，沟通会更加坦诚和真实。

销售人员可以带领一个团队，团队成员相互协作，提供优质的客户服务。当问题出现时，他们彼此信任，合力解决冲突，做出让每个人都满意的决定，包括客户。

2. 决策的执行意愿更强

每个人都有过这样的经历，因为有机会参与决策过程，所以对执行决策有强烈的责任感，随之而来的就是对解决方案的归属感。如果执行强加在我们身上的方案，我们就会产生抵触情绪。如果我们个人参与了负责推进某个决策的过程，那么我们也会觉得有责任看到决策的执行效果。

3. 决策质量更高

方法三考虑了冲突中每个人的创造力、经验和智力。不管冲突的另一方是你的客户还是老板，或是销售过程中的其他相关人员，方法三都诠释了"三个臭皮匠，赛过诸葛亮"这句话的含义，因为

各方的需求都必须有所体现。每个人对问题的看法不会完全一致，一方也不能假设他知道另一方的需求。因此，单方面的决策限制了决策的质量。

4. 决策往往更迅速

大多数销售人员都曾与客户或其他人发生过冲突，由于想不出解决方案而导致矛盾僵持数周或数月。最终，销售人员只好鼓起勇气去找对方，短短几分钟，就达成了友好协商方案。

方法三帮助冲突中的人们公开表达自己的需求和感受，真实面对问题，并尽快探索可能的解决方案。此外，这种方法有助于发掘许多深层的信息，这是双方独自努力发现不了的，因而更容易做出迅速的决策。

方法三要求我们坚信"没有输家"的冲突解决理念，而且要了解冲突解决的六个步骤。

通过六个步骤找到双方都满意的解决方案

双赢或"没有输家"的方法不仅仅是一种解决问题的态度或哲学；它还是一套系统，遵循六个步骤找到双方都满意的冲突解决方案。

步骤 1：界定问题
（问题指的不是争执中的解决方案而是背后的需求）

这是解决冲突最关键的一步，对问题的陈述不应该带有责备或评判。发送"我–信息"是表达需求最有效的方式：表达了自己的需求和感受之后，试着描述自己对于对方需求的理解。

当需求被界定后，冲突会更容易解决。要实现这点，必须先放弃你原来的立场，因为这可能只是你针对冲突想到的解决方案，而不是需求的准确表达。如果一味坚持自己的立场，容易忽略其他选择——可能同时满足你和他人需求的解决方案。对于某个具体的解决方案，我们可以问一个问题："这会给你带来什么好处？"由此来界定需求。

在冲突中人们总是竭尽全力去证明自己是正确的，而看不到其他选择。事实上，从他们各自的角度看都是对的，但换成其他角度，又都是错的。我们的许多冲突都是这样。如果冲突双方都在维护自己的解决方案，那么局面往往会僵持不下。此时，大多数人会选择"妥协"，结果双方都不高兴。"没有输家"的冲突解决方法不是一种妥协。如果双方只是修改冲突的方案，调整成一个彼此可以接受的解决办法，这个过程中就会出现妥协。

解决冲突，关键是要放弃所谓"正确"的想法，暂时把原来的方案放在一边。先确定双方的需求，然后寻找其他解决方案，来满足双方的需求。这意味着首先关注双方的需求，其次才是解决方案。

在进行步骤 2 之前，确保双方都认可对问题的界定。在这一过程中，甚至可以再次陈述你们将要解决的问题，邀请对方明确表达接受或拒绝。最后，要确保对方清楚地理解，你们正在寻找的解决方案能满足双方的需求，大家都不会输。

步骤 2：提出可能的解决方案

这是解决冲突过程中具有创造性的部分。通常情况下，很难立马想出一个好的解决方案，但在最初想法的基础上，总是能激发出更好的方案。首先询问对方可能的选择，然后提供你自己的解决方案。

在评估或讨论任何一个特定的解决方案之前，尽可能想出更多的选择方案。无论如何，要避免评价或批评他人的解决方案，因为这会扼杀该过程中的创造性。相反，记录下所有的解决方案，以便之后仔细讨论。

直到已经生成了许多合理可行的解决方案，或者再也想不出别的选项时，才可以进行**步骤 3**。

步骤 3：评估解决方案

在解决冲突的阶段，双方都必须进行认真的批判性思考：解决方案是否存在缺陷？什么原因会导致解决方案不起作用？方案会不会很难执行？此时至关重要的是保持真实。审视内心，表达你的真实感受。

步骤 4：确定双方都满意的解决方案

双方必须共同承诺选择一种解决方案，或综合几个选择形成一个方案。这不是妥协。妥协是"一半我赢，一半我输"或"一半你赢，一半你输"。正如之前所说的，妥协往往是执着于一个解决方案，不断修改，而我们需要致力于找到一个双方都满意的解决方案。通常，当所有的事实都逐渐明晰，心仪的解决方案也就随之出现了。

不要试图说服对方，这样会给你的想法制造更多阻力。如果对方不能自由选择满意的解决方案，很有可能的后果就是他也不会执行选定的决策。

当决策即将明确时，再次重申这个选定的解决方案，以确保双方都理解无误。

步骤 5：执行解决方案

创建一个解决方案，并不能保证可以实现它。解决方案达成一致后，需要立即讨论执行计划——**谁来做**，**做什么**，以及**什么时候做**。这时要相信双方都会执行决定，这种心态会更有帮助，而不要一味设想如果不执行决定会有什么后果。

步骤6：评估结果

通过"没有输家"的冲突解决方法产生的第一个决策，可能并不是最好的。有时在决策执行过程中，可能会发现一些漏洞，需要调整，甚至推翻重来，以便获得更好的解决方案。确保在表达自己感受的同时，也了解对方对结果的感受。

* * *

现在让我们回顾下，本章开头描述的乔治和客户之间的冲突：约翰是客户公司与乔治对接的采购经理，掌握乔治公司95%的业务，而乔治也知道他可以从约翰的公司接更多的生意，同时提供更好的服务。然而约翰却不断向乔治公司施压，威胁他们，这让乔治公司疲于应付，时常深感挫败。

来自约翰的压力和威胁对乔治产生了负面影响。一方面，他总是对公司内部其他部门感到不满，他们负责设计、制造集成电路并运输到约翰的公司，而约翰越抱怨，乔治就越心烦，对那些部门就越颐指气使。另一方面，乔治对老板也很失望，因为他没有主动介入解决这个问题。私下聊天时，他怪老板"软弱""没骨气"。此外，他的家庭生活也受到影响。乔治意识到自己必须做出改变。

乔治仔细考虑了一下他的选择，他可以：1.继续接受约翰的行为；2.改变自己；3.尝试影响约翰改变。他选择了第三种方案，打电话跟约翰安排会议。下面模拟会议可能的场景，介绍如何使用倾听和真实沟通技巧，完成第三个准则解决冲突的六个步骤。

乔治：约翰，谢谢你今天抽出时间和我见面。我们是时候好好谈谈了。我们之间有一些问题要解决，而且我想让你知道，我所做的一切就是想努力加深我们之间的关系，这样对我们彼此和公司都有好处。

约翰：乔治，你说的是什么问题？

乔治：好吧，约翰，你不断威胁不跟我们做生意，要把业务转给别人，这让我很担心，因为这么做影响到我们的交付状态，没办法达到你要求的水准，而且这样也在消耗你的精力。

请注意，在第一条信息中，乔治表达了他的初衷是想要解决问题，希望获得双赢，这为后面的谈话奠定了基础。接下来，他必须遵循承诺的初衷，示范具体该如何做。于是，在第二条信息中，他发送了一条由三个部分组成的面质性"我—信息"。然后，他使用了换挡技巧，倾听约翰。

约翰：好吧，你以为你是谁？我要是不盯着你们，你们啥事儿能干好！你们就是不靠谱，除非有人在背后看着。

乔治：所以你认为如果不时时敦促我们，事情将毫无进展。

约翰：没错，听我说。我们每年给你们 600 万美元的生意，而你们却以为这样就能套牢我们，可以高枕无忧了。如果我不全方位守着，你们就会抓住每一个机会占便宜，我们一不注意就会被钻空子。不管怎样，这是我的职责所在：让你们，还有其他像你们一样的人守规矩。

　　乔治：所以你担心我们在工作中会趁机做出不利于你们公司的事情，而你的工作是确保我们不会这么做。

　　约翰：没错！

　　乔治：另外，你认为对待所有的供应商都应该这样。

　　约翰：不是所有人，乔治，只是像你们这样业务量很大的公司。我以前遇到过。一旦把大部分采购量集中到了一家公司身上，他们就会开始利用这个优势占便宜。

　　乔治：所以你不相信"合作伙伴"这个说法，三年前我们达成协议时曾经讨论过。

　　约翰：什么合作伙伴！简直是废话！你们就是随便用这个词来招揽生意的，根本不知道它意味着什么。签署协议6个月后，我被告知保罗（原先负责这个客户的销售人员）要被调走，而你就凭空出现在我面前。这就好像跟我说："这就是你要打交道的人，要么接受，要么放弃。"那根本不是对待合作伙伴的方式。然后，第一批大订单，是新的ZX-190电路板，你告诉我正常情况下需要六至十二个星期才能交货。我正跟你们吵得不可开交，然后我的老板给你的老板打了个电话，结果订单4个星期就完成了。那让我看起来像个白痴。你还好意思说想跟我成为合作伙伴！

　　乔治：哦，这样啊！我们一开始确实让你失望了，在一些关键时刻没能争取到你的信任。首先，你跟保罗已经相处了一段时间，刚有了关系基础，突然就换成我了。ZX-190电路板还出了那档子事，你感觉吼得越大声就越出活儿。对吧?

约翰:是的,乔治,我得看着你们。我很担心你们下一步会搞出什么花样来。

乔治:好的,你强调了三点。首先,你认为把大部分业务交给一家供应商是有风险的;其次,我们在前期做了几件让你失望的事,加深了你对供应商的提防,担心我们做出对你们不利的事;最后,ZX-190 电路板这个项目,我们害你在老板面前丢脸了。

约翰:是这样的。

乔治现在确信他听懂了约翰的意思,更重要的是,约翰感到自己被理解了,这让乔治很欣慰。现在,他可以重申自己的想法,提出困扰他的问题。正因为乔治倾听了约翰,约翰才愿意敞开心扉听乔治说话,这样乔治也能讲述更多细节。

乔治:约翰,我很抱歉我们之间出现了这些问题。我想再次告诉你,你的威胁和压力在我看来并不管用。事实上,它反而破坏了你想要的东西。其实你期待的应该是能够信任的供应商,以最合适的价格提供高质量的产品。

你看,当你冲我们发火施加压力时,会发生两件事。首先,人们把你拒之门外。我已经厌倦了你火力全开的样子,甚至见怪不怪了,既然知道我们无论做什么都不能让你开心,为什么还要努力呢?其次,为了生产你们的电路板,给我们带来很多不必要的加班,流程中得经过二审甚至三审，还有其他各种费用，这些成本最终都会落在你身上。整个系统中有很多浪费，从你和我之间的沟通，到我们双方处理事情的方式。我敢打赌，因为我们双方关系的不确定性，在你们公司内部也造成了一定的浪费。

注意乔治是如何用具体明确的语言来表达的，这样约翰就可以很容易明白这件事对乔治的影响。然而，如果乔治事先没有倾听约翰，没有理解他的立场，这段谈话是不可能发生的。

约翰：那你有什么建议？

乔治：这样，让我们先退后一步，看一下整体情况。按照我的理解，你希望：1.感到放心，不会被钻空子；2.遇到对你有影响的决策，可以参与意见；3.我们以尽可能低的价格提供高质量的产品。你看还有什么要补充的吗？

约翰：听着，乔治，最重要的是，当我们需要供应时，可以有可靠的产品上线，而且价格合理。就是这样，而我的工作就是确保这一切顺利。

乔治：好的，很清楚。

约翰：哦，我想再强调一点。选择你们作为唯一供应商，独家供应某个定制产品，我们真的是承担了风险。我们没有其他供应商。如果你们搞砸了，我们就不得不停产，这个错误的代价太高了。

乔治：所以你真的一刻都不敢松懈，我很清楚你的立场。而我想找到一种改善现状的方法。我需要三样东西：一是满意的客户；二是更多的信息，比如对你们生产需求的预测；三是在我们没做好的时候，你可以给我们提供的数据。

好吧，不管你愿不愿意，我们目前都是合作伙伴。现在我们把两边的问题都摊开来谈。你想到有可能解决这些问题的办法吗？

以上就是**步骤1：界定问题**。通过倾听，乔治把约翰的需求都表达出来，并反馈给约翰，以确保对方知道乔治明白了他的需求。与此同时，乔治也坦诚、直接地表达了自己的需求。步骤1可能是所有步骤中花费时间最长的流程。但是没关系，因为这一步能为解决冲突的过程打下坚实的基础。

磨刀不误砍柴工，前期的投入和准备会让接下来所做的事半功倍。现在就到了**步骤2：提出可能的解决方案**。注意，乔治首先征求约翰的意见。这表明你尊重对方的意见，同时也让对方意识到你在认真倾听他。此外，如果他们的解决方案对你也适用，那最好由他们自己提出，从而增强他们执行方案的意愿。

约翰：嗯，听起来我们需要频繁沟通，也许我们应该每星期开一次会，甚至每天打一次电话来讨论当前的进展。这样我就能时刻关注你们的动向了。

乔治：（微笑着在记事本上写下了上述两个建议的解决方案）好的，还有什么别的想法吗？

S.E.T.沟通效能训练

倾听对方，并且表示你听到了他说的解决方案，口头的或非口头的，然后问："还有什么别的想法吗？"这种做法很好。在这个阶段重要的是，确保呈现所有可能的解决方案。

约翰：嗯，大概没什么了，除了……

乔治：听起来你好像在犹豫什么。

约翰：嗯，我在考虑是否有可能开发一种表格，我们可以每天发传真，了解彼此的情况。

乔治：好，这是我们可以考虑的另一种可能性。

约翰：乔治，你知道，对我来说，真正有效的办法是每月开一次会，把两边公司所有关键岗位的人员都召集起来，让所有人都参与进来。同时，你和我每星期碰一次，回顾一下目前的状况。

他们已经找到了几种选择，现在约翰提出了一种适合他的方案。他已经在他头脑中进入了**步骤3：评估解决方案**。现在轮到乔治说说他想到的办法了。

乔治：说真的，约翰，你说的这些我都很认同。我也认为改善关系的基础是加深信任，而获取信任的主要方法就是沟通。所以我喜欢你的想法。每天打电话和发传真的工作量可能太大，相比较而言，我更倾向于每星期开一次例会，而且我也同意应该让其他部门的同事参与进来。看来我们对每星期例会的意见一致。你想什么时候开始，都有谁应该出席？

他们现在已经评估了选择方案，也完成了**步骤4：确定双方都满意的解决方案**。乔治的最后一个问题是邀请对方一起进入**步骤5：执行解决方案**，也就是确定**谁来做**，**做什么**，以及**在什么时候做**。

约翰：好吧，我的建议是这样的。我们回去跟各自的同事都聊一下，征求一下意见，看看都有谁应该参加每月的会议，议程应该是什么样子。然后下星期我们一起把计划确定下来，也明确下每星期例会的讨论应该有哪些内容。你觉得怎么样？

乔治：我觉得很好。我唯一想补充的是，执行90天后，你和我应该一起，来评估下这个例会方案的运作是否成功。我们需要确保这个方案解决了我们之间的核心问题。

此时，乔治预约了会议来完成**步骤6：评估结果**。

约翰：好的，我觉得可以。星期五给我打电话，我们来约下星期的会议。

乔治：好的，我星期五给你打电话。约翰，我想跟你说，我很感谢你愿意进行这次谈话。我感觉好多了，关系缓和了，而且压力减小了，我对我们更有信心，也能更有效地工作了。谢谢。

记住一定要感谢对方的合作，以及与你一起解决问题的意愿。

乔治和约翰的例子展示了协同范式中存在的可能性。跳出传统思维范式，尝试新的方法，使用本书中介绍的技巧来创建与他人相处的新模式，你将会有新的收获。

当今销售情境复杂，处处充满挑战，你可能会和买家、销售经理以及影响你成功的支持部门之间产生冲突，而这些冲突再也不能靠以往的方法来解决了。

第九章

少有人走的路

不要去那些有路的地方，

去还没有路的地方，留下你的足迹。

——佚名

◇◇◇◇◇◇◇◇◇◇◇◇◇◇

正如毛姆所说："只有平庸的人才会永远停滞，满足于现状。"

现在是时候开始新的旅程了，但是你必须积极主动，没有人能替你做这件事。销售范式的转变创造了一个新的游戏，如果学不会新规则的玩法，就无法在新游戏中生存。

第一章所列举的事实要求一种全新的销售游戏，而传统方法是有限的、狭隘的，甚至是不适合的。如果不对这些变化保持敏感，那么你就是在拿自己的生存冒险。历史上类似的例子不计其数，有多少人因为无法适应新规则，而没能在范式转变中生存下来。

他们之所以很难看清变革的必要性，是因为障碍损害了他们有效收集数据和分析现实的能力，而这些数据和现实是探索不同做事方法所必需的。

事实上，你可能正在亲身经历其中的某个障碍，因为它与销售所需要的转变息息相关。

范式的盲目

思维范式是我们看待生活的角度，为了让看到的事实符合我们的思维模式，我们会倾向于歪曲信息，甚至选择视而不见。为了证明这一点，在讲座中，我们请参加者环顾房间，尽可能找出所有蓝色的东西。然后请他们闭上眼睛，说出他们看到的所有橙色的东西。他们通常不记得任何橙色的物体，因为受条件限制而只顾着寻找蓝色，他们对其他可能性视而不见。

同样，工作范式让你看不到新范式要求做出的改变。可能会有一些个人和组织怀疑，甚至不同意本书阐述的某些内容。尤其是那些在传统销售中非常成功的人，更难放弃曾经让他们成功的东西，不愿冒险使用一套新规则。

范式引致的盲目将你变成过去的囚徒，限制了生活中许多新的可能性。可想而知，你的未来将有何境遇，除非你改变自己的范式。

将原因归咎于他人或外部环境

事情进展不顺利，我们的本能反应是将导致糟糕结果的原因归咎于外部事物。目前，最常被当成挡箭牌的原因就是经济形势。在我们的讲座上，销售人员长篇大论，解释为什么经济形势阻碍了他们的业务表现。公司也一样，搬出许多借口，甚至把业绩不好的原因归咎于某个员工，或者是系统出了问题，但有能力的高管却因此背锅甚至被解雇。这样的事情屡见不鲜，令人叹息。

当你不再把原因归咎于外部环境时，你将更清楚地看到传统的销售范式已经分崩离析。因此，你将体验到改变范式的自主力量，对自己的生活负责。一旦接受了这个事实，就会更有动力去应用新的技能，你的成绩也会显著提高。

工作要更努力

范式转变的另一个障碍是"工作要更努力"的心态。如果销量下降，而你更努力工作，那么业绩自然会提高。可是一旦游戏规则改变，就不是那么回事了。许多销售人员和销售主管不愿接受游戏改变的事实，也没有学习新游戏所需的新技能，他们宁愿认为只要更努力工作就可以了。这就好比让足球队在打棒球时更努力地练习足球一样。

在范式中无效的行为是行不通的。打个比方，轨道控制着火车的方向，更努力工作就像给火车加速，除非检查现有的轨道并铺设新的轨道，否则你只能抵达相同的目的地。新的销售游戏要求个人和组织铺设新的轨道。

否认

还有一些个人和组织会否认问题的存在。他们不愿意面对、解决这些问题，尽管承认可能有新的方法来改善这种情况。这种情况下的个人我行我素，害怕听取别人的意见或接受别人的指导，认为那是软弱的表现。

否认现状，就像从不检查车里的油量，直到油灯亮了开始报警。如今的销售需要一套全新的技巧，而本书就是一个示警信号。

一场革命已经发生，它将改变我们的销售范式。这场革命对个人和组织都将有深远的影响。那些能够快速掌握新游戏的规则、新技能的人，将确立未来成功销售的标准。是时候积极主动改变自己了，而不是被现有环境所局限。

一旦接触到新技术的价值，人们就很容易放弃旧模式。假设出于某种原因，我们再也用不了电话自动应答机或语音信箱，此时打电话碰到占线忙音，或者没人接时，你会多郁闷。我们已经习惯了这些新技术为我们提供的便利。即使是相对简单的技术进步也改变了我们的生活，回到以前似乎就太原始了。那么本书中提到的新销售模式和相关"技术"也是如此。一旦销售人员通过沟通效能训练的方法体会到了好处和个人价值，他们就不会再回到"旧的销售方式"了。

现在让我们来看看销售范式转变过程中的每一块基石，探索个人和组织可以如何适应这个新游戏，从而有效地做准备。

买卖关系

如果你不致力于与你的潜在买家和客户建立一种截然不同的关系，你可能无法在市场中生存。在第一章中，我们考察了 20 世纪 80

年代和90年代早期商业环境中的一些问题，从中看到了建立买卖关系新模式的需求。

20世纪80年代末，迈克尔·本德担任通用汽车阿克德尔科分部的销售培训经理。他认识到运营分销网络需要一种新方法，为此还说服管理层支持他的想法。他主持引进了我们的协同销售和客户关系课程，培训对象覆盖1000名销售和客户关系职位人员。现在本德是一名独立顾问，生活在法国，仍然致力于新销售模式的推广。他不仅看到了新模式对阿克德尔科分部的价值，而且他预见到了目前市场对此的迫切需求，同时强调变幻无常的商业环境也会影响买家。

亚历克斯·克尔也是探索协同模式好处的先锋人物。作为营销培训主管，早在1985年，他就把协同销售课程引入了萨斯喀萨温电信。他的目标是培训销售及其他相关人员，以便更好地应对市场竞争。他认为成功的关键在于公司是否有能力与客户保持协同关系。

戴维·博尔舒特是通用汽车金融服务公司驻底特律的销售总监，他也认为，将来买卖双方需要增强彼此的合作关系。20世纪80年代中期，博尔舒特的团队推出了一个新职位，职责是负责加强公司与通用汽车经销商的关系。他和其他团队采用协同销售的方式，培训新一代的管理人员，使他们掌握必要的技能，跟买方建立并维持更健康的长期关系。博尔舒特认为，公司对这些关系管理技能的需求会更大，彼此的关系将成为购买决策中一个越来越重要的因素。

未来的商业挑战只会增加买卖关系的压力。让我们来看看公司组织将要面临的一些关键问题，而解决这些问题需要不断改善销售人员与客户之间的关系。

首先是全面质量管理运动，它旨在创建以顾客为导向的文化。这不是社会一时的狂热，也不是管理层暂时的跟风。全面质量管理代表了一种新的经营方式。爱德华·戴明可以说是这一运动的主要倡导者，他呼吁组织的运作方式转型，以便在未来有效生存。这是一个循序渐进的过程。全面质量管理的关键是销售以及其他相关人员建立的与顾客之间的关系。诚实、开放的沟通和有效的解决问题的技巧，是销售人员在这种环境下运作的必要条件。

此外，当今产品和服务的技术复杂性，要求买卖双方之间的关系更持久。同样，产品和服务也出现了定制化趋势。公司之间的关系彼此依赖，卖家和买家将对彼此的公司了解更深入。这样一来，公司需要彼此公开分享一些原先被认为是专有私密的信息。买家选择生意伙伴时会更加挑剔，因为市场竞争激烈，容错率低，一旦犯错代价太大，所以不能轻易做出购买决定。

随着技术变得复杂，发展独家供应伙伴关系的趋势也将延续。同时，新技术带来的新产品和服务，也需要加强买卖双方之间的关系。

最后，全球市场固有的文化问题是可以预见的，这需要买卖关系更加紧密。销售人员不仅需要以不同的方式熟练管理各种客户关系，还必须在一个文化多样性的舞台上做到这一点。

当今组织和销售人员所面临的问题，促进了一种新的买卖关系的发展；而与我们将在未来经历的相比，这只是冰山一角。如果你还没有做出必要的改变来处理买卖双方的关系，那么你就已经出局了。如果你在未来不做出这些改变，那么你可能永远是局外人。

销售人员和上司之间的关系

协同范式对销售结果带来的最大改善，可能是销售人员与其上司之间的关系。对大多数销售人员来说，这种关系是挫折和怨恨的来源，它会扼杀个人的动力、创造力、热情和投入。即便是最乐观的情况，销售人员跟上司的关系也只能算一般，绝不是可以激励销售人员取得更大成果的动力。

这里要传达的信息简单明了：为了使个人和组织的效率最大化，销售人员和上司之间的关系必须进行彻底调整。这一转变是根本的、普遍的。

对大多数组织来说，改善销售人员和上司之间关系的典型解决方案是授权。真正的授权是创造一个环境，这个环境将激励个人朝着实现其能力的方向努力。这包括关注关系相互依存的本质以及个体的追求，允许自主指导和自我负责，提供检视和改变个人信念的机会。这里的关键词是相互依存。在真正授权的环境中，每个个体都感到自己有责任为这个环境贡献力量。

我们的文化非常强调管理者或领导者的角色，但在这种文化中，"追随者"也有责任。这就是为什么要改变销售人员和经理之间的关系，不只是销售经理的事情，销售人员在改变与上司关系的过程中，也必须有所担当。

销售人员往往会主动退让，将自己的权力让渡给经理，但是事情进展不顺，又抱怨上司不给力。事实上，很多领域的追随者都是这样做的。但是，真正实现"给销售人员授权"，需要销售人员承担随之而来的责任。同样，管理者必须接受他们在关系转变过程中的角色。从最纯粹的意义上讲，管理者的作用就是创造条件，让每个人可以发挥自己的能力，挖掘内在潜力，实现个人效益的最大化。

销售人员和上司之间的关系必须改变，以便在当今高压的商业环境下，创造其必需的销售效率。销售经理必须熟练把握他们作为教练的新角色。他们必须摒弃以前学过的管理知识，乐于采用新的技能。此外，销售人员也必须致力于创造一个与上司交往更有成效的关系。他们需要承担个人责任，形成一种授权关系，从而实现效率最大化。

与买卖过程中其他相关人员的关系

销售过程涉及的人员越来越多，在大型组织中，支持部门人员的结构更复杂，这影响了产品销售和交付服务的品质。当前组织内，权力的正式界限被持续打破，未来的趋势也大致相同。此外，产品定制专业化趋势的增加，意味着越来越多的人加入销售和服务的业务圈子。

亚历克斯·克尔解释道："随着技术的发展，与客户之间的互动需求将越来越大。从技术人员到产品设计，到客户培训和支持，会有更多的人参与到与客户的互动中来。"

迈克尔·本德也从不同的角度提出了同样的观点。他说：

为了实现增长而跨越国际边界的公司，不一定会雇用更多的人来实现这个新的业务计划。这将导致公司内部直接与客户接触的"非销售人员"越来越多。如果这些人没有经过培训，也不相信并实践协同模式，那么公司将面临风险，甚至无法保住现有的业务。

这里想要向大家传达的信息是，今天的销售效率取决于销售人员的协调能力，对于没有直接管理权限的人，如何调动其团队工作至关重要。销售人员每天都与一个由不同个体组成的相互依赖的人脉网络互动，其中每个个体都有自己的目标。尽管他们可能都致力于让客户满意，但也会有达成目标的不同方法，甚至有不同的标准来衡量结果。成功取决于销售人员是否有能力来与其他影响销售过程的人建立并保持有效的合作关系。

这里要做的重要区分是**"遵守约定"**和**"达成一致"**的不同。**"遵守约定"**是个体之间关系彼此相容的状态。这通常意味着接受和适应，没有不和谐或冲突。**"遵守约定"**是接受现状，因为改变某些东西可能会导致分歧。因此，这种状态意味着顺从。

而**"达成一致"**是一种生成性行为。这是一种存在方式，把各方力量汇集成一条直线，在同一波长上发挥作用，它的本质内核是协同。换句话说，**"达成一致"**的结果比任何一方单枪匹马所能完成的都要出色，但需要直面协议背后的分歧。

下面两个示例图直观反映了二者的区别。

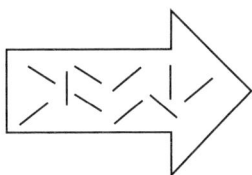 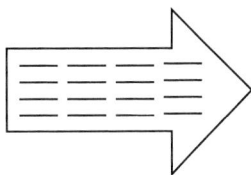

遵守约定 达成一致

想要与影响销售效果的个人或群体达成一致，有四个关键步骤：

1. 有清晰的愿景，追求销售效果，承诺让客户满意。

2. 不满足现状，不按常规方式做事。愿意探索新的可能性，实现更高水平的个人业绩和组织效能。

3. 在沟通中保持真实。敢于直面限制你成功的障碍。

4. 承诺以双赢的态度解决沟通中遇到的问题。

今天的销售人员面临着诸多挑战：顾客满意的重要性，市场竞争的本质，对客户需求快速反应的必要性，先进的技术，全球化的影响。在这种形势下，亟须形成全新的协作意识，简单的遵守约定不再适用。

与他人达成一致将提高个人业绩和组织效率水平，这是未来生存所必需的。

销售培训

销售经理以及其他主管请注意： 如果今天不投入精力，大力发展员工培训，那么明天坐在你位置上的很有可能就是别人。

销售人员请注意： 如果不致力于个人发展，你在将来所能达到的成就可能不如现在。

一旦涉及时间和金钱，培训就不再被认为是一件好事。但是，技术的复杂性、世界变化的速度以及市场的竞争性质，这一切使培训和发展成为个人和组织应该优先安排的事项。

保持竞争力的基础是销售以及其他相关人员与客户建立的关系，还有他们提供的服务质量。当你在服务上竞争时，人就成了至关重要的组成部分。当人变得重要时，培训就是必不可少的。有效的培训是得以生存的前提。

培训销售人员的传统方法是找出销售人员的不足之处，提供建议和技巧，帮助其改进。这种类型的培训，我们称之为基于绩效的培训，可以在既定范式中提高绩效。但它往往不能激励人们改变范式，实现绩效上的突破。这种训练只能带来行为的逐步改善。

变革型培训与此不同，它改变的是个人运作的范式，允许个人超越现有范式的无形限制，因此对个人表现有重大影响。这种性质的培训通常有三个特点。首先，它为参与者提供了一个检视现有范式的机会。因此，他们能够理解自己的范式所生成的边界及其后果。这是人们超越过去条件限制的关键一步。其次，变革型培训允许个人设计新的范式，从而生成不同的行为模式，而这可能会促进绩效的巨大飞跃。最后，培训必须提供发展新的行为模式所必需的技能。

这种有别于旧方法的培训，促使人们越过现有的情境，主动探索新的思维和行为方式。在变革型培训中，参与者不是学习技术来提升某种行为，而是去探索在现有环境下更有效的行为模式，突破先前条件的限制，发现新的可能性。

当今复杂的商业环境需要变革型培训，让个人和组织做好更有效的准备，从而迎接挑战。销售人员不会再像以前那样，未经培训直接上岗。但现在的问题是，什么样的培训才能达到最好的效果。

协同范式销售代表了一种新的游戏规则。我们现在是以踢足球的心态来打棒球，所以球队中的每个人都需要训练新的技能。以绩效为基础的传统培训，练的是拦阻和抢断技巧，这是不合时宜的。只有允许个人思维模式从踢足球转变成打棒球，然后提供打棒球的技能训练，这样的变革型培训才有效。

不仅是销售人员需要培训建立协同关系的技能，其他相关人员，从最高管理层到文职支持人员，都必须接受新模式的培训。这是一个重要组成部分，推进转型所需要的企业文化进行转变。

这种转变还要不断加强协同技能，并坚持教练指导以实现持续改进。人们要想在协同范式中有效工作，就需要忘掉许多过去学到的东西。销售人员在传统模式下为了获得成功，习惯了用特定的方式做事，而现在他们需要踏出舒适区，打破变革带来的恐惧。这也强调了管理者转变成教练角色的必要性。

最后，为了让销售人员能够有效应对市场，培训部门需要在销售组织内部达成一致。黛布拉是抵押担保保险公司企业发展部的副总裁，也是全美销售培训管理协会的现任主席，她认为：

销售培训必须与战略规划过程紧密联系，否则将永远落后于现实三步。必须预测未来的需求并制订相应的计划，来支持企业经营者。在传统方法中，企业通常先分析发生的问题，然后再制订相应的计划。这么做会滞后，在重要事件中跟不上节奏，而在快速变化的市场中，响应速度是至关重要的。

黛布拉的评论再次说明，销售模式转变对整个组织将产生深远影响。如今要使销售效率最大化，就需要对整个销售系统进行改革。

而未来的发展趋势更是如此，所以我们需要 1. 更加关注销售培训和个人发展；2. 进行变革型培训而不只是基本的绩效改进型培训；3. 将培训职能放到战略规划过程中，确保同步关键适用的信息。

组织文化

此时，公司应该履行其责任，提供一种组织文化，激励并支持每一个专注工作的个人，让他们获得应有的成长。组织也要有意识地主动做出必要的改变，不然只能迫于商业环境的需求而被动改变。改变企业文化是销售转型的关键一步，它至关重要，决定了企业能否在未来拥有并保持市场竞争力。

让我们分享一下"消除饥饿项目"执行董事琼·霍姆斯的名言，也许这是展示组织文化力量的最好方式。"消除饥饿项目"是个非营利组织，致力于在 2000 年前消除地球上长期存在的饥饿。其成功取决于改变文化的能力，即改变人们对饥饿的普遍看法。"消除饥饿项目"的领导人花了大量时间研究文化对人们思维和行为的影响。1988 年，霍姆斯在全球"消除饥饿项目"志愿者大会上发表演讲时说：

时代的整体氛围限制、塑造了我们的行为，因为它限制并塑造了我们的存在方式。我们这个时代的整体氛围，决定了我们认为什么是可能的，也决定了我们认为什么是可以实现的。我们不可避免地受到这种氛围的影响。它塑造了我们的思维，我们的言论，我们的认知，我们的评价，我们的结论，还有我们的行动。它塑造了我们的一切。

霍姆斯谈到了范式的力量，提到了"我们这个时代的整体氛围"，这也适用于组织文化。在演讲后半部分，他还说：

要记住，我们谈话的对象是整体氛围的产物。个体只能考虑这种氛围允许的事情。我们很容易对个体感到失望，而不会联想到整体氛围。但个体正是一个绝好的例子，是我们需要面对的。当新的氛围允许个体有不同的想法时，他或她就会有不同的想法，因为我们都是某种氛围的产物，只被允许有特定的想法。

霍姆斯的评论一语中的，说出了改变组织文化的重要性。

首先，组织文化决定了销售效率；其次，重点应该放在重塑组织文化上，因为销售人员是这种文化的产物。一旦传统输赢模式中固有的障碍被消除，销售人员就可以实现新的突破。

造成此类障碍的原因之一是传统的等级制度。正如我们在第一章中所讨论的，在应对当今商业环境需求的过程中，等级制度是狭隘的，有偏差而且无效。出于这个原因，许多创新型组织开始探索新的组织结构。

***

查克·希泽曼是杜邦公司在斯堪的纳维亚地区子公司的总经理，他推行了一种组织结构，颠覆了公司原有的层级架构，建立了自主管理的销售团队。

在他的组织结构图里，顶端放着客户，时刻提醒员工在为谁工作。客户下面是销售人员，他们是与客户直接接触的人；再往下是支持销售的相关人员；然后是行政人员，他们为支持部门提供服务。最后，在组织结构图的底部是总经理希泽曼，他的角色是为员工各司其职提供支持。

把等级制度颠倒过来提供了一种新的结构，推进了组织文化的重大转变。但比起简单地颠覆组织架构图，更重要的是执行这个概念，将其真正付诸实践。希泽曼认为，要将这个概念付诸实践，有三个关键因素。

第一个关键因素是参与其中的员工是否成熟。大多数情况下，他们已经在一起工作了相当长的一段时间，有强烈的团队意识。而且，他们有各自不同的销售风格，尊重彼此的差异，也真诚地想要互相学习。

第二个关键因素是高质量的频繁沟通。显然，沟通是这种运行方式的润滑剂。这也是该计划得以实施的关键，是协同销售沟通和关系建设的用武之地。双赢关系模式营造背景情境，而沟通技巧让"颠倒的等级制度"和"自我管理团队"在日常工作中发挥作用。

第三个关键因素是经理扮演的角色。希泽曼说，权威人物应该被视作员工支持的来源，而不是权威。重要的是，团队成员在适应新模式的过程中，确定了自己对新模式的信念和投入。这可以通过几种方式实现。

一是接纳学习过程中的错误。错误会在任何学习经验的环境中产生，害怕犯错只会减缓或消除冒险的决心，而冒险是成功实施重大改变所必需的。创造一种氛围，支持人们敢于冒险，这是成长的唯一途径。为了强调这一点，希泽曼提醒我们回想一下最近一次看到孩子犯错误的情景。在孩子犯了错误后，父母并没有责骂他。相反，他们拥抱了孩子，告诉他说："没关系，我们再试一次。"错误是被鼓励的，正是这种态度为员工提供了一个安全的环境，让他们在新模式中勇于承担风险，共同成长。同时，一定要保持清醒。如果没有不断的警醒，很容易退回到过去的方式和习惯中去。

此外，管理人员还要示范有效沟通的技巧。言传不如身教，这种新的关系模式如此不同，以至于团队成员一开始会产生怀疑。他们怀疑公司决策的诚意，不敢轻易投入其中。但他们看到希泽曼和其他管理人员学习的过程，看到他们每天坚持练习，看到了管理者的决心，于是他们也加入了改变的行列。

希泽曼和他的团队在这种新模式下获得了巨大成功。团队成员告诉他，除了工作成果之外，他还为他们带来了别的——对工作更满意，更有热情，同时自我价值感提升。

自主管理的销售团队能带来巨大效益，研究记录了这种模式的团队在许多其他领域的成功。在企业中，还有什么地方比销售部门更适合拥有一群活跃、忠诚、自主的员工呢？这些销售"超级团队"还将为组织文化的发展提供必要的支持，从而打开销售业绩飞跃的大门，这是传统模式无法实现的。

重新设计组织结构消除了许多传统层次结构的限制，带来了很多好处，但关键因素还是关系的质量。任何组织结构，如果以协同范式原则为基础，都将变得更加有效。除此之外，传统企业文化的制度必须得到新的审视，包括配额制度、激励和补偿计划以及绩效评估程序等。这些程序的基础必须改变，与新范式的基本原则保持一致。否则，它们将不利于变革的进行。

新的范式有自己的规则，适应这些规则对任何从事销售行业的个人或组织都有深远影响。不仅买卖双方之间的基本关系会受到影响，销售人员与其经理以及其他影响销售过程的人的关系也会受到影响。此外，员工培训发展以及组织文化的态度也要做出改变，调整思维，从而与新范式的基础保持一致。

这些问题都不容易得到解决。对任何个人或组织来说，改变通常意味着一定程度的痛苦。然而，这与不改变的痛苦相比不值一提。当今和未来的商业环境要求销售行业发生转变，而生存取决于是否有能力做出必要的改变。